伸び盛りのジュニア期に知っておきたい
カラダに大切なこと

小・中学生のための 女子アスリートの「食事と栄養」

順天堂大学医学部附属順天堂医院・浦安病院
女性アスリート外来公認スポーツ栄養士
上《うえ》木《き》 明《あき》子《こ》 監修

はじめに

こんにちは。
私《わたし》は、病院の「女性《じょせい》アスリート外来」で、女子アスリートの栄養面のアドバイスをしている上木《うえき》明子《あきこ》です。

女子選手のみなさんは、元気にスポーツを楽しんでいますか？

「もっと高くジャンプしたい」

「少しでも速く走りたい」

「背《せ》が高くなりたい」

「筋力《きんりょく》をつけたい」……など、
競技《きょうぎ》で強くなるために、さまざまな練習やトレーニングに取り組んでいることと思います。

でも実は、強くなるには、練習だけではダメ。
よく食べて、よく休むことも、練習と同じぐらい、
いえ、もしかしたら練習よりももっと大切なことです。

何をどのように食べれば、競技《きょうぎ》で活躍《かつやく》できる体をつくれるのか。
競技《きょうぎ》を長く続けるためには、どんな休み方をすればいいのか。
この本では、成長期の女子選手が強くなるための
栄養のとり方や休み方のコツを、たくさん詰《つ》め込《こ》みました。

正しい栄養の知識《ちしき》を身につけ、
大好きな競技《きょうぎ》で輝《かがや》くために役立てていただけたらうれしいです！

管理栄養士・公認《こうにん》スポーツ栄養士　上木《うえき》明子《あきこ》

おうちの方へ

私が勤務する順天堂大学医学部附属順天堂医院・浦安病院の「女性アスリート外来」には、競技の種類、目指すレベル、年齢もさまざまな女性アスリートが受診されます。

中には一生懸命競技に打ち込んだために、発育が遅れたり、ケガをしやすい体になっている若い女性アスリートもいます。

「試合に勝つためには、人よりたくさん練習しなきゃ」「速く走るには、体脂肪をギリギリまで削る」「生理がこなくてようやく一人前」……など、指導者や保護者、女子選手自身の思い込みによる過剰なトレーニングや、無理なダイエットのために、早く競技人生を終えることになった選手も見てきました。

ジュニア期にきちんと栄養と休息をとり、練習のしすぎを止めていれば、競技力が上がったり、もっと楽しく競技を続けられたかもと、思うこともあります。

「練習中に水を飲んだらバテやすくなる」「足腰を鍛えるにはウサギ跳び」などが、正論として信じられていた時代もありました。女子選手を取り巻く常識は、常にアップデートされています。

小中学生の成長期は、しっかり体と心を成長させ、スポーツ選手としての土台をつくる時期というのが、選手育成の世界基準の考え方。食べ盛りにダイエットをしたり、慢性睡眠不足を抱えながら朝練に通うのは、強くなれないばかりか、選手生命を縮める行為だと、知っていただきたいのです。

女子選手を支える指導者や保護者のみなさんに、栄養、運動、休息のバランスを整えるための正しい知識と情報が広まることを願っています。

※食品の栄養価は食品成分表8訂、一部市販品のデータを参照しています。
※紹介しているサイトの情報などは2024年7月現在のものです。

もくじ

第1章　体と栄養の関係を知ろう

第2章　「成長スパート」で最大限《さいだいげん》身長を伸《の》ばす

第3章 女子選手がなりやすい「エネルギー不足」の怖《こわ》さを知ろう

第4章 練習をしすぎるとパフォーマンスが落ちる!

第5章 女子選手が気になる「こんなときどうする?」Q&A

第1章

体と栄養の関係を知ろう

元気に競技《きょうぎ》をするには、栄養バランスのいい食事が大事。どんな栄養を、どんなことに気をつけてとればいいのか知っておきましょう。

強くなるには、食事の内《ない》容《よう》を見直そう!

アオイの場合

バイバーイ
またねー
どうしたの?
悩《なや》み事《ごと》?
この人は
公認《こうにん》スポーツ
栄養士の
上木《うえき》先生だ
栄養面の
悩《なや》み事《ごと》は
相談してね
タイムが
伸《の》び悩《なや》んで
いて…
もしかしたら
食生活と関係が
あるのかもしれないな
どんな食事を
しているの?
食事?
朝ごはんは
何を食べているの?
食欲《しょくよく》がなくて
食べないですね～
それじゃ
給食までに
おなかが
すいちゃうん
じゃない?

おなかが鳴って恥《は》ずかしいし授業《じゅぎょう》も集中できないんです
給食は？
嫌《きら》いなメニューも多くて
だから練習の前はいっぱい食べてます！
ポテチとかチョコレートとかドーナッツとかも大好きなのでよく食べますね
夕ごはんも、いっぱい食べます　ごはん3杯《ばい》とか
おなかいっぱいで寝《ね》つきが悪かったことは？
しょっちゅうです！
だから朝ごはんいらないいなって
ふ〜む

タイムが伸《の》びない原因《げんいん》
もしかすると食事内容が かたよっているのかも?
ちゃんと食べてるし やせてもいない ですよ?
…
エネルギーは とっているけれど 食事内容《ないよう》がかたよっていて 必要な栄養素《えいようそ》が不足して いるのかも
おなかがいっぱいでも 栄養不足になるんだ~!?
それに3食の 分量が バラバラ でしょ
体の中のエネルギーが空っぽの 時間に筋肉《きんにく》が分解《ぶんかい》されて しまうこともあるの
へ~
どんな食事を すればいいのか 覚えていこう!
お願いしま~す!

01 私《わたし》たちの体は食べたものでつくられている

栄養素《えいようそ》が筋肉《きんにく》や骨《ほね》、内臓《ないぞう》、運動するエネルギーをつくる

私《わたし》たちの体は、筋肉《きんにく》や骨《ほね》、血液《けつえき》や心臓《しんぞう》など、さまざまなものが組み合わさってできていいます。それらをつくるもとになっているのは、食べ物。食べ物には、いろいろな栄養素《えいようそ》が含《ふく》まれており、その栄養素《えいようそ》が体に吸収《きゅうしゅう》されたあとで形を変え、筋肉《きんにく》や骨《ほね》になったり、体を動かすエネルギーに変わっていくのです。栄養《えいよう》素《そ》が足りないと、運動する元気がなくなり、体も弱くなっていきます。

栄養素《えいようそ》にはさまざまな種類があり、種類ごとに働きが違《ちが》います。栄養素《えいようそ》が体の一部へと変わるために、ほかの栄養素《えいようそ》の働きが必要なこともあります。毎日、食事をとっていても、同じものばかり食べていると、足りない栄養《えいよう》素《そ》が出てくる危険《きけん》が。食事をとっているのに、栄養バランスが崩《くず》れてしまうのです。

健康を維持《いじ》しながら運動ができる体をつくるには、いろいろな栄養素《えいようそ》をバランスよく食べることが大切です。

食べ物が体になる仕組み

私《わたし》たちが食べたものは、どんな風に体の一部へと変わっていくのか、見てみましょう。

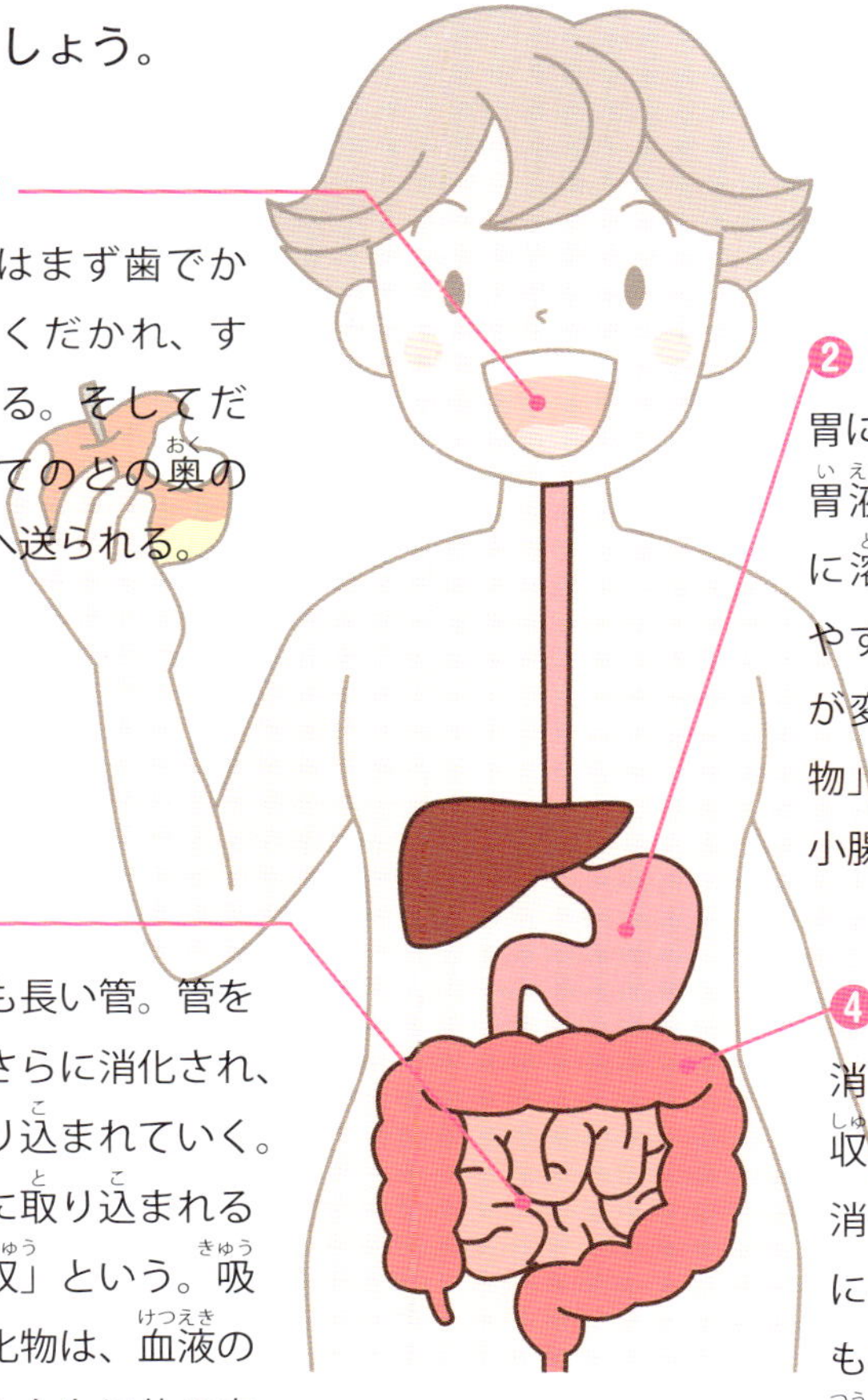

❶ 口の中

食べた食事はまず歯でかんで小さくくだかれ、すりつぶされる。そしてだ液《えき》と混《ま》ざってのどの奥《おく》の食道から胃へ送られる。

❷ 胃

胃に送られてきた食べ物は、胃液《いえき》と混《ま》ざってドロドロに溶《と》かされる。吸収《きゅうしゅう》されやすいようドロドロに形が変わったものを「消化物」という。消化物は、小腸に送られる。

❸ 小腸

小腸はとても長い管。管を進みながらさらに消化され、体の中に取《と》り込《こ》まれていく。消化物が体に取《と》り込《こ》まれることを「吸収《きゅうしゅう》」という。吸《きゅう》収《しゅう》された消化物は、血液《けつえき》の中へ。血液《けつえき》とともに体の中に運ばれ、筋肉《きんにく》や骨《ほね》、エネルギーへと変わっていく。

❹ 大腸

消化物には、不要で吸《きゅう》収《しゅう》されなかったものや、消化しきれず、小腸の先にある大腸まで届《とど》くものもある。これらは大腸を通過《つうか》しながら便になり、肛門《こうもん》から体の外に排出《はいしゅつ》される。

まとめ　栄養素《えいようそ》が体の中で消化吸収《きゅうしゅう》されると、筋肉《きんにく》や骨《ほね》、内臓《ないぞう》、運動するエネルギーをつくることができる。

02 栄養素《えいようそ》は働きによって3色のグループに分かれる

3色グループを全部食べれば栄養のバランスがよくなる

しっかり体を動かすために必要なのは、バランスよく食べること。そのためにも、どんな栄養素《えいようそ》がどんな食べ物に入っているのかを知っておきましょう。栄養素《えいようそ》のうち、特に体に大事な5種類の栄養素《えいようそ》を「5大栄養素《えいようそ》」と呼びます。そして5大栄養素《えいようそ》は、役割《やくわり》によって3色のグループに分けることができます。

1つ目は、筋肉《きんにく》や骨《ほね》など、体をつくるもとになる赤のグループ。「たんぱく質《しつ》」がこのグループに含《ふく》まれます。2つ目は、熱や力のもとになる黄色のグループ。体を動かすエネルギー源《げん》であり、「炭水化物」「脂質《ししつ》」が黄色のグループ。3つ目は、体の調子を整えるもとになる緑のグループ。体に入った栄養素《えいようそ》がエネルギーや筋肉《きんにく》になるのを助けたり、病気から体を守ったりする働きがあり、「ビタミン・ミネラル」が緑のグループに入ります。

これら3色のグループの栄養素《えいようそ》を、まんべんなく食べることが大事です。

3色の食品グループと5大栄養素《えいようそ》

栄養素《えいようそ》の中でも、私《わたし》たちの体に大事な5種類の栄養素《えいようそ》があります。5種類の栄養素《えいようそ》は働きによって、3色のグループに分かれます。

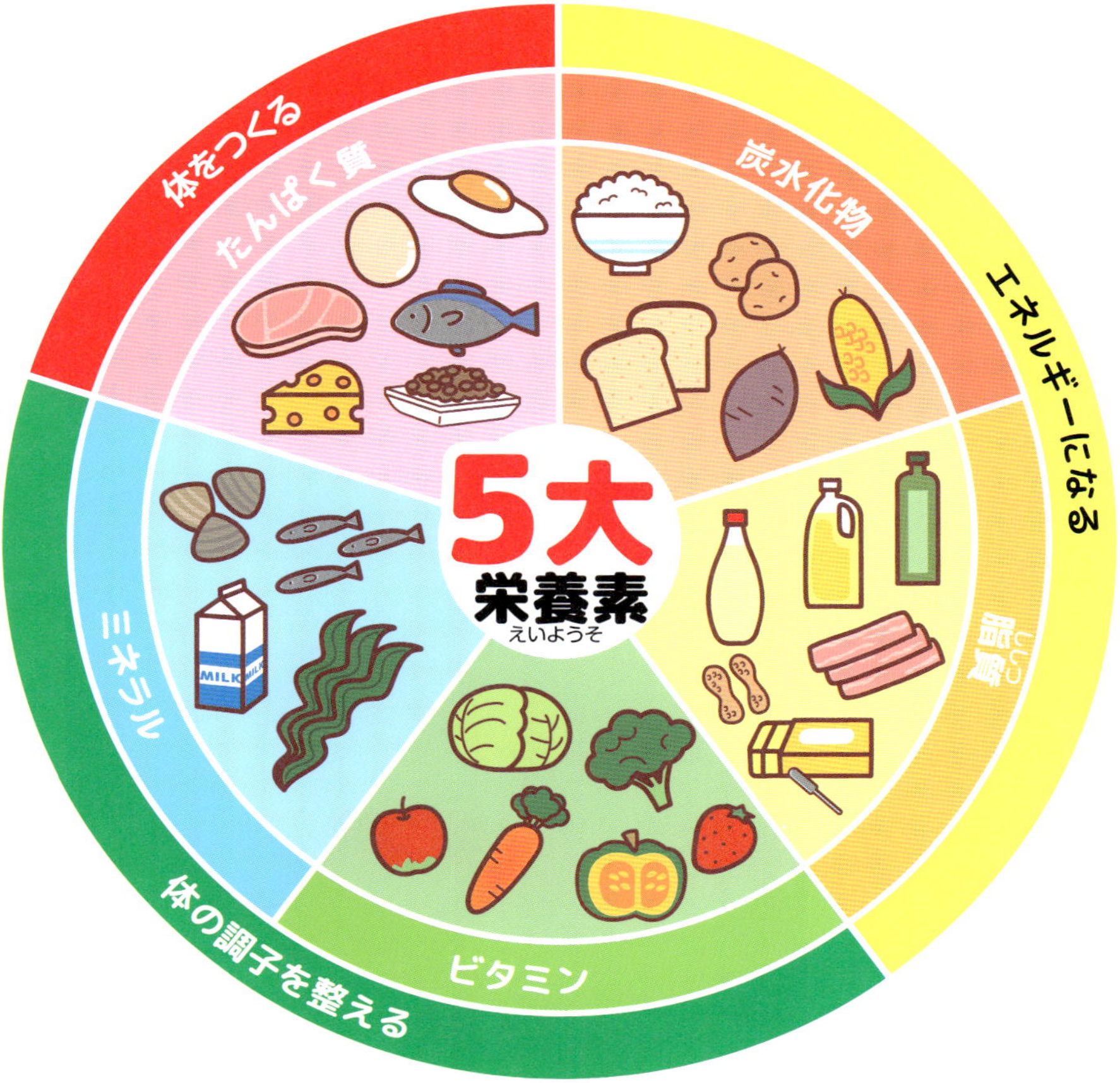

まとめ
人にとって大事な5種類の栄養素《えいようそ》がある。
栄養素《えいようそ》の働きから食べ物は3色のグループに分かれる。

03 体をつくるもとになる「たんぱく質《しつ》」

筋肉《きんにく》も血液《けつえき》も骨《ほね》も たんぱく質《しつ》でつくられる

体には筋肉《きんにく》や皮膚《ひふ》、臓器《ぞうき》、骨《ほね》、血液《けつえき》、髪《かみ》の毛《け》など、いろいろなパーツがあります。これらすべてをつくるもとになるのがたんぱく質《しつ》です。背《せ》が伸《の》びたり、筋肉《きんにく》が大きくなるためにはたくさんのたんぱく質《しつ》が必要で、9～12歳《さい》ごろの成長期の女子選手は、大人《おとな》と同じぐらいのたんぱく質《しつ》を食べなくてはいけません。たんぱく質《しつ》が多く含《ふく》まれる食べ物には、肉や魚、牛乳《ぎゅうにゅう》やチーズなどの乳製品《にゅうせいひん》、卵《たまご》、豆腐《とうふ》や納豆《なっとう》などの大豆製品《せいひん》などがあります。そして、それぞれの食品に異《こと》なる種類のたんぱく質《しつ》が含《ふく》まれています。

ですから、「肉ばかり食べる」「牛乳《ぎゅうにゅう》ばかり飲む」など1つの食べ物でたんぱく質《しつ》をとろうとすると、たんぱく質《しつ》の種類がかたよってしまうので注意。たんぱく質《しつ》は主菜になるおかずに多く含《ふく》まれているので、食事ごとに、から揚《あ》げや焼き魚、マーボー豆腐《とうふ》など、さまざまなおかずを食べるのが理想です。

たんぱく質《しつ》が多く含《ふく》まれる食べ物

たんぱく質《しつ》は、主菜のおかずになる食材に含《ふく》まれています。強い体をつくるために、いろいろな種類のたんぱく質《しつ》を食べましょう。

魚介類《ぎょかいるい》

さけ、まぐろ、いかなど

肉

牛肉、豚肉《ぶたにく》、鶏肉《とりにく》など

卵《たまご》

鶏《にわとり》の卵《たまご》など

豆類・大豆製品《せいひん》

納豆《なっとう》、豆腐《とうふ》、豆乳《とうにゅう》など

乳製品《にゅうせいひん》

牛乳《ぎゅうにゅう》、ヨーグルト、チーズなど

まとめ

筋肉《きんにく》や血液《けつえき》、骨《ほね》などはたんぱく質《しつ》でつくられる。
肉や魚、卵《たまご》などさまざまなたんぱく質《しつ》を食べる。

04

体を動かすエネルギー源《げん》「炭水化物」

体を動かし頭を働かせるために毎食食べよう

黄色いグループの栄養素《えいようそ》である炭水化物は、体を動かすエネルギー源《げん》です。車にガソリンを入れないと走れないのと同じように、炭水化物をとらないと、エネルギーが不足して元気に体を動かすことができません。

また、脳《のう》もエネルギーを使って動くので、炭水化物が足りなくなるとボーッとしたり、勉強に集中することができなくなったりしてしまいます。また、炭水化物は、たんぱく質《しつ》が筋肉《きんにく》に変わるときに、その手伝《てつだ》いをするという役目も果たしています。

炭水化物は、ほかの栄養素《えいようそ》と比《くら》べると、食べてすぐ、エネルギーに変わるという性質《せいしつ》があります。一方、食べすぎて余《あま》ると、脂肪《しぼう》に変わって体につきます。炭水化物として体の中にためられる量は少ないので、必要なぶんを、毎食とることが大事です。

炭水化物は、ごはんやパン、めん類《るい》など主食になる食材に多く含《ふく》まれています。

炭水化物が多く含《ふく》まれる食べ物

炭水化物は、主食になるごはんやパン、めん類《るい》などに多く含《ふく》まれています。毎食、主食を食べてエネルギー切れを防《ふせ》ぎましょう。

パン

食パン、サンドイッチ、
あんパンなど

ごはん

白米、チャーハン、
おにぎりなど

果物《くだもの》

バナナ、りんご、みかん
など

いも類

焼きいも、肉じゃが
など

めん類

うどん、ラーメン、そば
など

まとめ
体や頭を働かせるには炭水化物が必要。
毎食、欠かさないように食べる。

05 少量でたくさんのエネルギーがとれる「脂質《ししつ》」

効率《こうりつ》よくエネルギーがとれる！とりすぎには注意

脂質《ししつ》は黄色いグループの栄養素《えいようそ》。サラダ油やごま油などの油のほか、肉の白い脂《あぶら》や、さんまやさばを焼いたときにじゅわっと出てくる魚の脂《あぶら》、くるみやアーモンドなどのナッツ類やごまなどに多く含《ふく》まれています。

脂質《ししつ》は炭水化物と同じように、体を動かすエネルギー源《げん》として働いてくれます。そして、脂質《ししつ》はエネルギー量が高いのが特徴《とくちょう》。ほんの少しの量で、たくさん体を動かすことができるのです。

その代わり、とりすぎてしまえば脂肪《しぼう》として体について太ってしまいますから、食べすぎはよくありません。

実は、私《わたし》たちのまわりの食べ物には、脂質《ししつ》がたっぷり使われているものがたくさんあります。みなさんが大好きな、スナック菓子《がし》やフライドポテト、ドーナッツなどに脂質《ししつ》がたくさん含《ふく》まれているので、これらをとりすぎないように気をつけましょう。

脂質《ししつ》が多く含《ふく》まれる食べ物

脂質《ししつ》は、油や肉、魚の脂《あぶら》などに含《ふく》まれています。また、脂質《ししつ》をたっぷり含《ふく》んだお菓子《かし》もあります。

ナッツ類

くるみ、アーモンド、ごまなど

魚や肉の脂《あぶら》

豚バラ肉、まぐろ（トロ）、さばなど

油・バター

サラダ油、バター、マーガリンなど

気づきにくいけれど脂質《ししつ》が多い食べ物

スナック菓子《がし》、ドーナッツ、ケーキ、マヨネーズ、クロワッサンなど

まとめ　脂質《ししつ》は優秀《ゆうしゅう》なエネルギー源《げん》だけどとりすぎると太る。お菓子《かし》にたくさん使われているので食べすぎに注意。

06 体の調子を整える「ビタミン・ミネラル」

体が元気に動けるよう手伝《てつだ》いをしてくれる栄養素《えいようそ》

緑色のグループであるビタミン・ミネラルは、体の調子を整える働きがあります。

まずはビタミン。ビタミンは13種類あり、ビタミンCは風邪《かぜ》をひきにくくする、ビタミンAは目の健康を守るなど、体の中でさまざまな働きをします。ビタミンが多く含《ふく》まれている食べ物には、野菜や果物《くだもの》があります。また、骨《ほね》をつくるのを助けるビタミンDは、日光を浴びることで体の中でつくられるほか、魚にも含《ふく》まれています。

一方のミネラル。カルシウムや鉄分など、体に欠かせないミネラルは16種類です。骨《ほね》や血液《けつえき》をつくるのを手伝《てつだ》ったり、脳《のう》が発達していくのを助けるなど、体が順調に成長したり、元気に動くサポートをしています。カルシウムは牛乳《ぎゅうにゅう》、鉄は小松菜といったように、ミネラルは種類によって、いろいろな食べ物に入っています。不足させないためには、たくさんの種類の食べ物を食べることが必要です。

ビタミン･ミネラルが多くとれる食べ物

ビタミン、ミネラルはたくさんの種類があり、ビタミン、ミネラルの種類によって、多く含《ふく》まれる食べ物は変わります。

ミネラル

カルシウム

牛乳《ぎゅうにゅう》、チーズ、小魚など

ナトリウム

塩

鉄

小松菜、レバー、あさりなど

そのほかのミネラル

リン、カリウム、硫黄《いおう》、塩素《えんそ》、マグネシウム、亜鉛《あえん》、銅《どう》、マンガン、クロム、ヨウ素《そ》、セレン、モリブデン、コバルト

ビタミン

ビタミンA

小松菜、かぼちゃ、レバーなど

ビタミンB_1

豚肉《ぶたにく》、豆腐《とうふ》、ナッツ類など

ビタミンC

オレンジ、いちご、ブロッコリーなど

そのほかのビタミン

ビタミンB_2、ビタミンB_6、ビタミンB_{12}、ビタミンD、ビタミンE、ビタミンK、ナイアシン、パントテン酸《さん》、ビオチン、葉酸《ようさん》

まとめ　ビタミン・ミネラルは体のサポート役。
さまざまな種類があり含《ふく》まれる食べ物もいろいろ。

07 栄養バランスを整えやすい献立《こんだて》を知っておこう

主食、主菜、副菜、乳製品《にゅうせいひん》がそろっている給食が理想

食べ物にはいろいろな栄養が含《ふく》まれており、それらの栄養素《えいようそ》がかたよることのないよう、いろいろ食べることが大切です。そのためには、何をどんな風に食べればいいのか。そのヒントになるのが、栄養士さんが栄養バランスよく組み立ててくれる給食の献立《こんだて》です。

給食にはごはんやパンなどの「主食」、肉や魚、豆腐《とうふ》や卵《たまご》を使ったメインのおかずである「主菜」、汁《しる》ものやサラダなどの「副菜」、牛乳《ぎゅうにゅう》やヨーグルトなどの「乳製品《にゅうせいひん》」が出てくるでしょう。主食、主菜、副菜、乳製品《にゅうせいひん》がそろった献立《こんだて》だと、自然とさまざまな栄養素《えいようそ》をとりやすくなります。

ラーメンばかり食べる、野菜だけ食べるといった献立《こんだて》だと、栄養バランスが悪くなってしまいます。もちろん、たまにラーメンを食べたり、サラダがメインの日があっても大《だい》丈夫《じょうぶ》。まずは、どんな献立《こんだて》だと栄養バランスが整いやすいかを知っておきましょう。

給食には5大栄養素《えいようそ》がそろっている

炭水化物、たんぱく質《しつ》、脂質《ししつ》、ビタミン、ミネラルの5大栄養素《えいようそ》をバランスよくとれる理想の献立《こんだて》は給食です。

主菜

肉や魚、卵《たまご》、豆など、体をつくるもとになる「たんぱく質《しつ》」や、エネルギー源《げん》の「脂《し》質《しつ》」がとれる。

乳製品《にゅうせいひん》

体をつくるもとになる「たんぱく質《しつ》」のほか、カルシウムなどの「ミネラル」がとれる。

主食

ごはんやパン、めん類など。エネルギー源《げん》になる「炭水化物」がとれる。

副菜

野菜やきのこ類、海藻類《かいそうるい》など、体の調子を整える「ビタミン」「ミネラル」がとれる。

まとめ　ごはんやおかず、汁《しる》もののような給食風の献立《こんだて》だと栄養バランスのいい食事になる。

08 毎日朝ごはんを食べる習慣《しゅうかん》をつけよう

朝ごはんを抜《ぬ》くと午前中はエネルギー源《げん》がからっぽ

女子選手が競技《きょうぎ》で活躍《かつやく》するためには、朝、昼、夕の３食を食べることが大切です。３食の中で、一番おろそかになりやすいのは、朝食。みなさんの中にも、「朝は食欲《しょくよく》がない」「ギリギリまで寝《ね》ていたいから、朝ごはんを食べない」という人がいるかもしれません。これは競技《きょうぎ》をする女子選手にとって、大問題です。

朝の体は、きのうの夕ごはんを食べてから12時間近く栄養が入っておらず、エネルギー源《げん》がからっぽです。朝食をとらないまま学校に行くと、体も脳《のう》もエネルギーが足りないため、集中力が続かなかったり、気持ちがイライラしたりしやすくなります。また、体温が上がらない、スムーズに排便できないなど、体のリズムも乱《みだ》れやすいです。

夜、寝《ね》るのが遅《おそ》すぎるなら30分早く寝《ね》て朝ごはんを食べる時間をつくる、食欲《しょくよく》がなくても少しだけごはんやパンを口にするなど、朝ごはんを食べられる工夫《くふう》をしてみましょう。

朝ごはんを抜《ぬ》くと起きる困《こま》りごと

朝ごはんを食べないと、体が活動モードに切《き》り替《か》わらず、頭も体もしっかりと動きません。体のリズムも乱《みだ》れがちです。

体の中のエネルギー源《げん》がからっぽで疲《つか》れやすい

体を動かすエネルギーがないので、体育をしたり、友だちと遊ぶときに元気が出ない。疲《つか》れやすくフラフラしてしまう。

頭がうまく働かず授業《じゅぎょう》に集中できない

新しいことを覚えたり、頭を働かせるのにも、エネルギーが必要。足りないと、授業《じゅぎょう》の内容《ないよう》が頭に入ってこない。

ちょっとしたことでイライラしてしまう

エネルギーが足りなくなると、体は元気を出そうと、興奮《こうふん》モードをスイッチオン。その結果、イライラしたり、怒《おこ》りっぽくなることも。

毎朝いい便が出ずおなかが張《は》りやすい

朝ごはんを食べると、胃や腸が動いて便が出やすくなる。そのため、朝ごはんを食べないと便が出にくい。

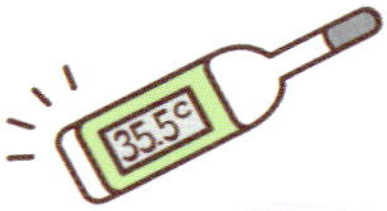

体温が上がらず体が活動モードになれない

朝ごはんを食べることで、体温が上がり、体は活動モードに入る。食べないといつまでもお休みモード。いきいきと動けない。

昼ごはんを必要以上に食べたくなってしまう

おなかペコペコなので、体たくさんエネルギーを欲《ほっ》すそのため、用意された分で足りないことも。

まとめ　朝ごはんを抜《ぬ》くと頭も体も働かない。食べられない理由を考えて少しずつでも食べる工夫《くふう》をしよう。

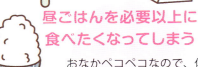

09

食事は「ばっかり食べ」せずバランスよく食べよう

食事を残しがちな人は、一口ずつ違《ちが》うものを食べる

みなさんは、ごはんをどんな順番で食べているでしょうか。たとえば給食。最初に牛乳《ぎゅう にゅう》だけ全部飲む、次にごはんを食べきっておかずを食べる……というように、1種類ずつ食べきる「ばっかり食べ」をしていませんか？

「ばっかり食べ」は、食べている途中《と ちゅう》でおなかがいっぱいになってしまうと、おかずを丸ごと残したり、ごはんに手をつけずにごちそうさましたりする可能性《か のう せい》があります。

特に給食は、3色の栄養グループをバランスよくとれるよう、栄養士さんが献立《こんだて》を考えてくれているので、丸ごと残すメニューがあると、栄養バランスがかたよってしまいます。

毎食、出されたものを完食している人はどんな順番で食べてもOK。食べきれなくて残しがちという人は、ごはんを一口食べたら次はおかずを一口、その後で汁《しる》ものを一口というように、いろいろなものを行ったり来《き》たりしながら食べてみましょう。

まんべんなく食べて栄養バランスを整える

ごはんを残しがちな人は、「ばっかり食べ」しないように注意。一口ずつ違《ちが》うものを食べると、栄養バランスよく食べられます。

ばっかり食べ

おかず、ごはん、汁《しる》ものというように、1種類ずつ食べきっていく食べ方。途《と》中《ちゅう》でおなかがいっぱいになると、丸ごと食べられないメニューが出てしまう。

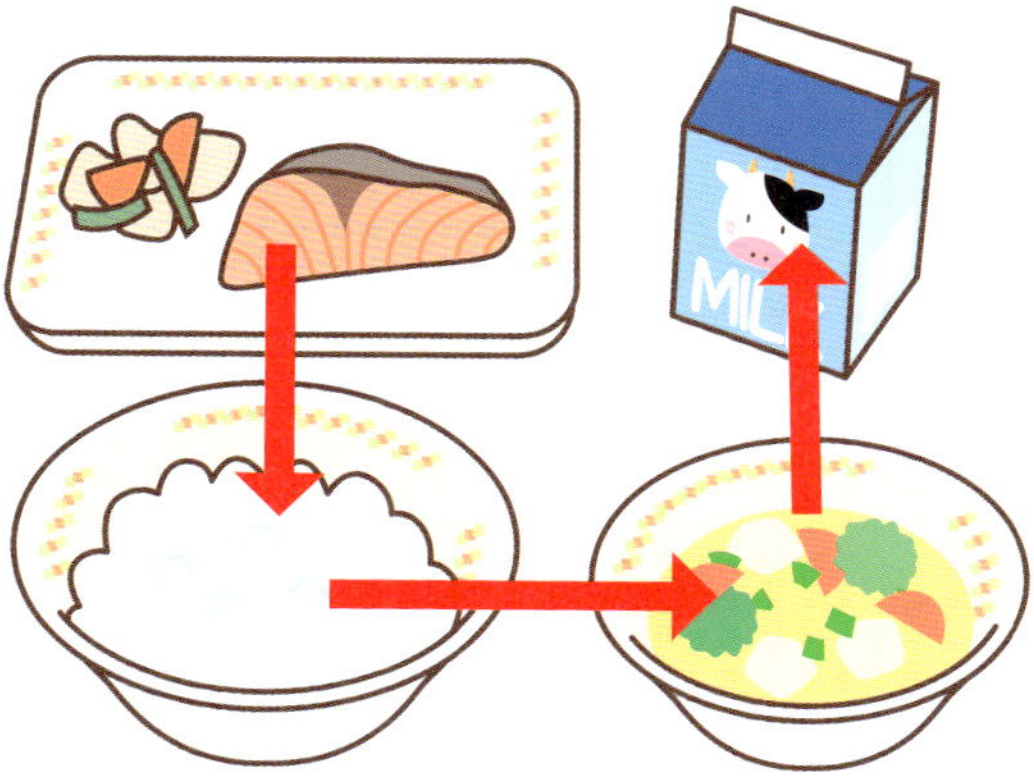

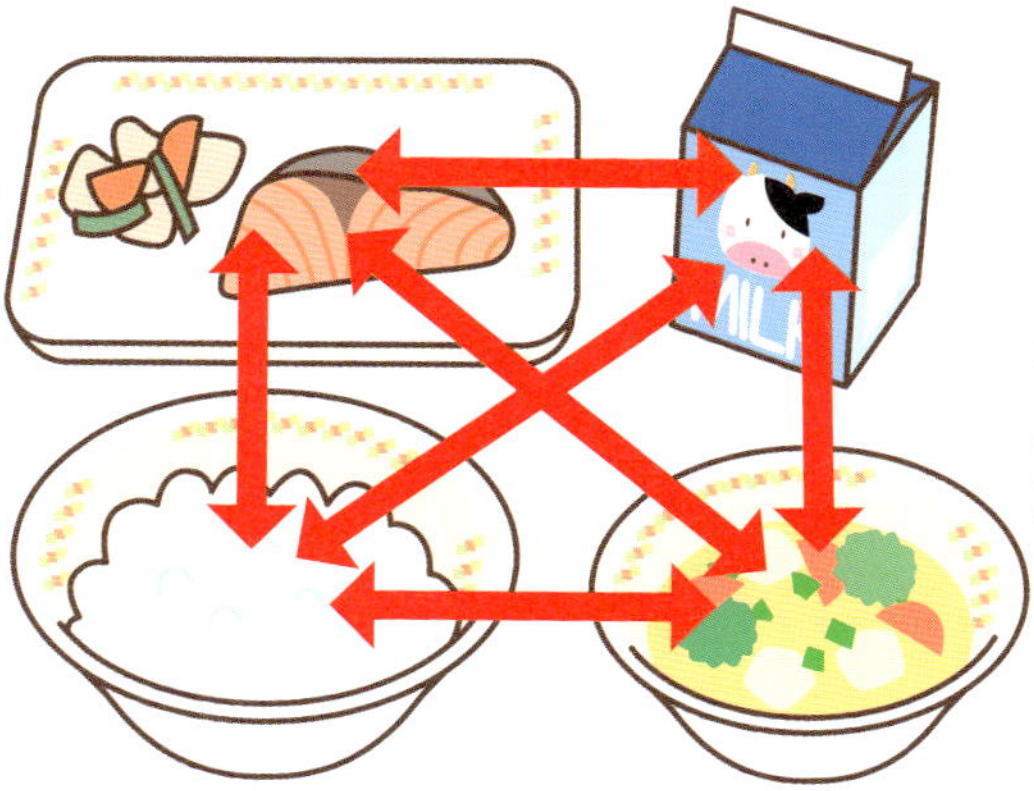

バランス食べ

おかずを一口食べたらごはんを一口、次に牛乳《ぎゅうにゅう》を一口というように、いろいろなメニューを行ったり来《き》たりする食べ方。栄養のバランスが整いやすい。

まとめ　ばっかり食べだと、とれない栄養素《えいようそ》が出てくることも。小食な人はバランス食べを心がけよう。

10 朝、昼、夜の食事量が同じぐらいになるよう心がけよう

体の中にエネルギーがちょうどよくある状態《じょうたい》を保《たも》つ

朝、昼、夜の食事の量は、毎回同じぐらい食べるのが理想です。給食と同じぐらいの分量を、朝ごはんでも、夕ごはんでも食べるということです。

中には、朝ごはんは少なめでトースト1枚《まい》だけ、夕ごはんはたっぷりなど、1食ずつの分量がバラバラな人もいるかもしれません。

朝食を少ししか食べないと、午前中のエネルギーが足りずに、頭も体も活動しにくくなってしまいます。一方、夕ごはんが多すぎると、寝《ね》るときもおなかがパンパンで寝《ね》つけなかったり、翌朝《よくあさ》起きたときに食欲《しょくよく》がわかず朝ごはんを食べられなかったりすることもあります。

体の中のエネルギーがからっぽになったり、とりすぎてあふれてしまうような状態《じょうたい》をつくらないことが、元気に競技《きょうぎ》できる体をつくるためには大切。朝ごはんが少ないなら、ハムやゆで卵《たまご》を足してみるなどして、3食の分量が同じになるよう心がけてみましょう。

3食の量バランスを同じぐらいにする

朝、昼、夜の食事量がバラバラだと、体の中のエネルギーが足りなくなる時間ができてしまいます。3食同じぐらいの量が理想です。

× 食事量がバラバラ

朝ごはんが少なく、
夕ごはんが多くなってしまいがち。

朝

昼

夜

○ 食事量が同じぐらい

朝、昼、夜のごはんを同じぐらいずつだと、
エネルギー切れを起こしにくい。

朝

昼

夜

まとめ　3食の食事量がバラバラだとエネルギーが足りない時間帯ができる。3食、同じぐらいずつ食べるようにしよう。

11

3食でとりきれない栄養は おやつでとろう

足りない栄養を補給《ほきゅう》するために おやつタイムが大事！

みなさんが食事をするのには、「命を維持《いじ》するため」「体を動かすため」「成長するため」という3つの目的があります。さらに運動をがんばっている女子選手は、「運動で使ったエネルギーを補給《ほきゅう》するため」というのも、食事の大事な役割《やくわり》。運動していない同級生と比《くら》べたらたくさん食べる必要がありますし、人によっては、お母《かあ》さんなどの大人《おとな》よりも、たくさんの量を食べなくてはなりません。

そんなにたくさん、ごはんを食べられないという人もいるでしょう。そんな人に役に立つのが「おやつ」です。特に、練習の前と後のおやつで、足りない栄養素《えいようそ》を補給《ほきゅう》しましょう。運動前後のおやつとしておすすめなのは、おにぎりやパン、バナナなど「炭水化物」をとれるものや、牛乳《ぎゅうにゅう》、チーズのように「たんぱく質《しつ》」が豊富《ほうふ》なもの。

3食のごはんと、おやつでしっかり動ける体をつくっていきましょう。

女子選手はたくさん食べることが必要

女子選手は、運動量が少ない友だちや、成長期が終わった大人《おとな》よりも、たくさん食べる必要があります。おやつを有効《ゆうこう》活用しましょう。

3食でとりきれない栄養やエネルギーを、おやつでとろう。おにぎりやバナナがおすすめ。

まとめ　女子選手にはたくさんのエネルギーが必要。
ごはんの合間のおやつで栄養補給《ほきゅう》しよう。

12 練習前は炭水化物、練習後は炭水化物＋たんぱく質《しつ》を食べよう

練習で使うエネルギーを補食《ほしょく》でチャージする

女子選手にとってのおやつは、スナック菓《が》子《し》やチョコレートを食べるお菓子《かし》タイムではなく、栄養を補《おぎな》う「補食《ほしょく》」です。では、どんなものを食べたらいいのか、具体的に考えていきましょう。

補給《ほきゅう》したいタイミングは、練習前と練習後です。練習前に食べたいのは、エネルギーのもととなる黄色の栄養素《えいようそ》「炭水化物」です。

炭水化物を多く含《ふく》むおにぎりやあんパン、バナナなどを食べて、これからたくさん動くためのエネルギーをチャージしましょう。

練習後にも、使ったエネルギーを補給《ほきゅう》するために、炭水化物が必要です。

さらに、練習で使った筋肉《きんにく》を回復《かいふく》させるためには、筋肉《きんにく》のもととなる赤の栄養素《えいようそ》「たんぱく質《しつ》」も食べたいところ。たんぱく質《しつ》は、牛乳《ぎゅうにゅう》やチーズ、サラダチキンなどに多く含《ふく》まれています。練習後は、これらも食べるようにすると、栄養補給《ほきゅう》はバッチリです。

補食《ほしょく》に向いている食べ物

練習の前後に、どんなものを補食《ほしょく》として食べるといいのか。また、向いていない食べ物はどんなものか。知っておきましょう。

練習前の補食《ほしょく》

炭水化物がとれるおにぎりやバナナ、サンドイッチなどがおすすめ。

練習後の補食《ほしょく》

練習前と同様に炭水化物を食べ、牛乳《ぎゅうにゅう》やチーズなどのたんぱく質《しつ》もあわせてとろう。

補食《ほしょく》に向いていない食べ物

- **スナック菓子《がし》**
- **フライドポテト**
- **カレーパンなど**

スナック菓子《がし》、フライドポテトやカレーパンなど、脂《し》質《しつ》の多いものは消化に時間がかかるので、練習前後は避《さ》けよう。

まとめ　練習で使うエネルギーを、練習前後に補食《ほしょく》でチャージ。おにぎりやサンドイッチ、チーズなどを食べよう。

13 食事をよくかむことで、消化・吸収《きゅうしゅう》されやすくなる

一口20回を目標によくかもう

食べたものを体に栄養としてとり込《こ》むわけですが、食事のときはよくかんで食べることを心がけましょう。というのも、食べ物が細かくだかれると、胃腸がスムーズに消化でき、体に吸収《きゅうしゅう》しやすくなるからです。

また、小中学生の女子選手にとっては、かむこと自体も、体づくりに役立ちます。よくかむことでアゴの力が強化され、骨《ほね》や歯も発達しやすくなるからです。さらに、よくかむと唾液《だえき》がたくさん出やすくなります。唾液《だえき》には口の中を清潔《せいけつ》に保《たも》つ役割《やくわり》もあるので、虫歯になりにくいという利点もあります。

よくかむためには、やわらかい食材ばかり選ばず、かみ応《ごた》えのある食べ物を積極的にとりましょう。汁《しる》ものや飲み物で、食べ物を流《なが》し込《こ》まないようにすることも大事です。食事に集中していないとあまりかまずに飲《の》み込《こ》みがち。テレビを見ながらの食事はやめ、一口20回かむようにしましょう。

女子選手にとってうれしい、よくかむ効果《こうか》

よくかむことで、「ひみこのはがいーぜ」という効果《こうか》があるといわれています。ぜひ一口20回、かむようにしましょう。

ひ　肥満《ひまん》を防《ふせ》ぐ
よくかむと、脳《のう》の「満腹《まんぷく》中枢《ちゅうすう》」が刺激《しげき》され、食べすぎを防《ふせ》げる。

み　味覚の発達
食材の味をしっかり感じられて、「おいしい」と食事を楽しめる。

こ　言葉の発達
口まわりの筋肉《きんにく》が発達。チームメイトへのかけ声がよく通るように。

の　脳《のう》の発達
かむことで脳《のう》が刺激《しげき》され活性化《かっせいか》。集中力や判断《はんだん》力《りょく》が高まる。

は　歯の病気を防《ふせ》ぐ
虫歯を予防《よぼう》できる。白い歯がキラリと輝《かがや》く女子選手を目指そう。

が　がんの予防《よぼう》
唾液《だえき》にはがんを防《ふせ》ぐ働きもある。将来《しょうらい》の怖《こわ》い病気を予防《よぼう》できる。

いー　胃腸の働きをよくする
かむことで胃腸のスイッチが入り、消化・吸収《きゅうしゅう》がスムーズに進む。

ぜ　全身の体力向上
ここ一番の力を出したいときに、グッと歯をくいしばれるように！

まとめ　よくかむことで、栄養をスムーズに消化・吸収《きゅうしゅう》できる。一口20回を目標によくかむ。

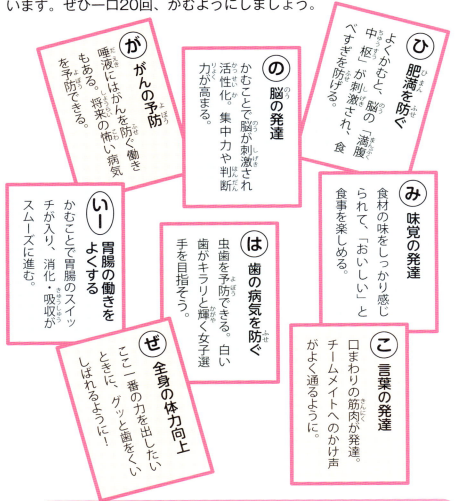

コラム

お菓子《かし》を食事の代わりに食べるのをやめたほうがいいわけ

甘《あま》いチョコレートやサクサクのスナック菓子《がし》。おいしくてついつい食べてしまいますね。でも食べすぎはよくありません。特に、食事の代わりにお菓子《かし》を食べるなど、お菓子《かし》でおなかをいっぱいにするのは成長期の女子選手にとってNGな行為《こうい》です。

お菓子《かし》を食事代わりにしてはいけない理由は主に2つ。お菓子《かし》には炭水化物と脂質《ししつ》が入っていますが、そのほかの栄養素《えいようそ》が足りません。お菓子《かし》を食べても、たんぱく質《しつ》やビタミンなど、必要な栄養素《えいようそ》をとることができないのです。

そして理由の2つめ。お菓子《かし》でおなかをいっぱいにすると、食事でとるべき栄養素《えいようそ》を入れることもできません。

お菓子《かし》はあくまでも「心の栄養」と考えて、食事に影響《えいきょう》するほど食べるのはやめておきましょう。

第2章

「成長スパート」で最大限《さいだいげん》の身長を伸《の》ばす

身長を伸《の》ばすには、成長期におとずれる「成長スパート」が大事。いつくるのか、きたら何をすればいいのか紹介《しょうかい》します。

身長を伸《の》ばせるチャンスをしっかりつかもう！

ハルカの場合

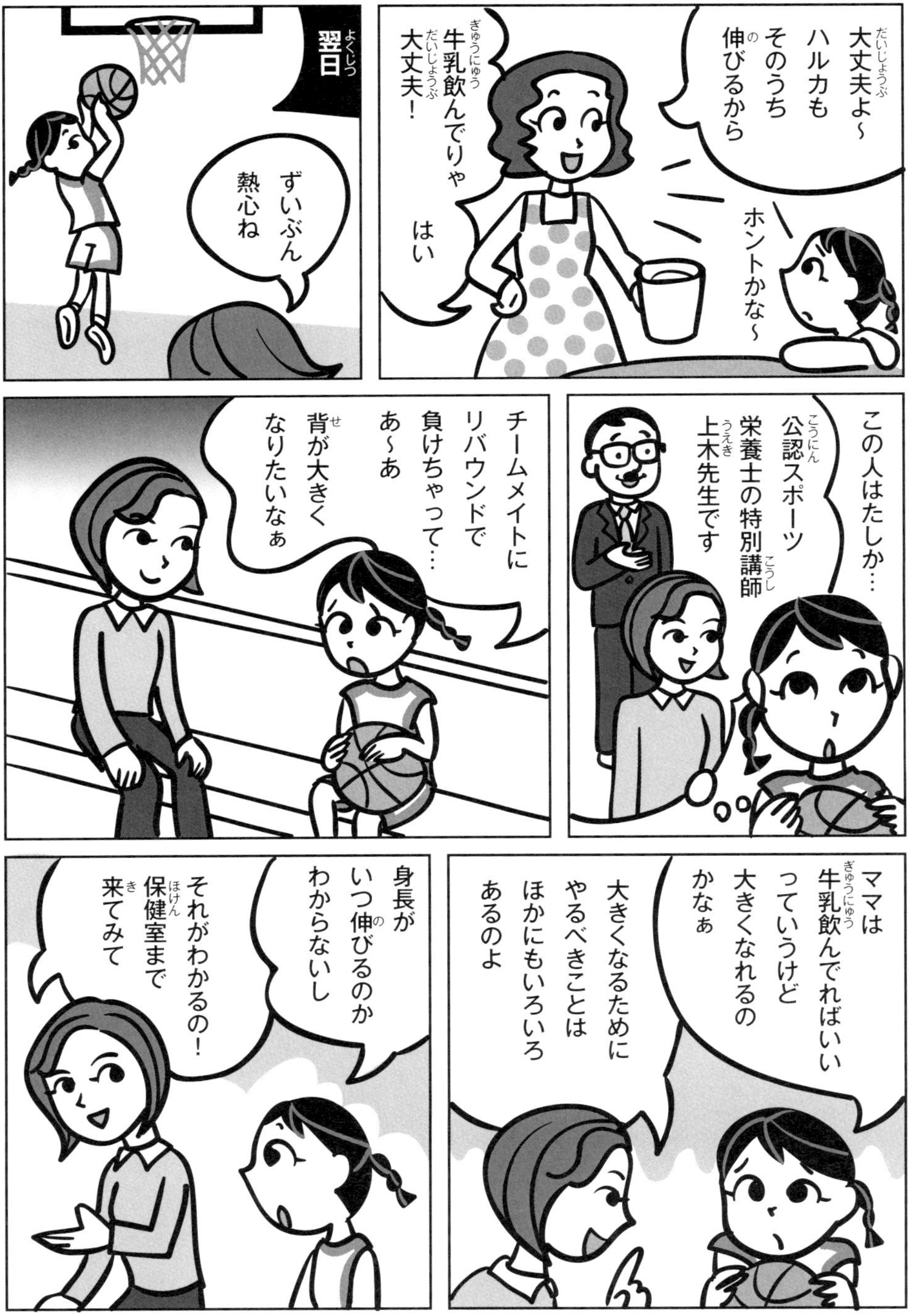
大丈夫《だいじょうぶ》よ〜
ハルカもそのうち伸《の》びるから
ホントかな〜
牛乳飲《ぎゅうにゅうの》んでりゃ大丈夫《だいじょうぶ》！
はい
翌日《よくじつ》
ずいぶん熱心ね
この人はたしか…
公認《こうにん》スポーツ栄養士の特別講師《こうし》上木《うえき》先生です
チームメイトにリバウンドで負けちゃって…
あ〜あ背《せ》が大きくなりたいなぁ
ママは牛乳《ぎゅうにゅう》飲んでればいいっていうけど大きくなれるのかなぁ
大きくなるためにやるべきことはほかにもいろいろあるのよ
身長がいつ伸《の》びるのかわからないし
それがわかるの！
保健室《ほけんしつ》まで来《き》てみて

成長曲線に
ハルカさんの
成長記録を
書《か》き込《こ》むと…
身長
10歳《さい》
131cm
9歳《さい》
125cm
8歳《さい》
119cm
7歳《さい》
113cm
体重
9歳《さい》
25kg
8歳《さい》
22kg
7歳《さい》
20kg
10歳《さい》
29kg
こんな感じね 平均《へいきん》より小さめだけど 順調に成長しているから 心配ないわ
おお〜!
※成長曲線については46ページで詳《くわ》しく説明しています。
そして 成長期には グンと身長が 伸《の》びる 「成長スパート」 があるの
それは いつ くるんですか? 私《わたし》のはまだ?
ハルカさんの成長記録から 「年間発育量グラフ」を 出してみると…
※年間発育量グラフについては52ページで詳《くわ》しく説明しています。

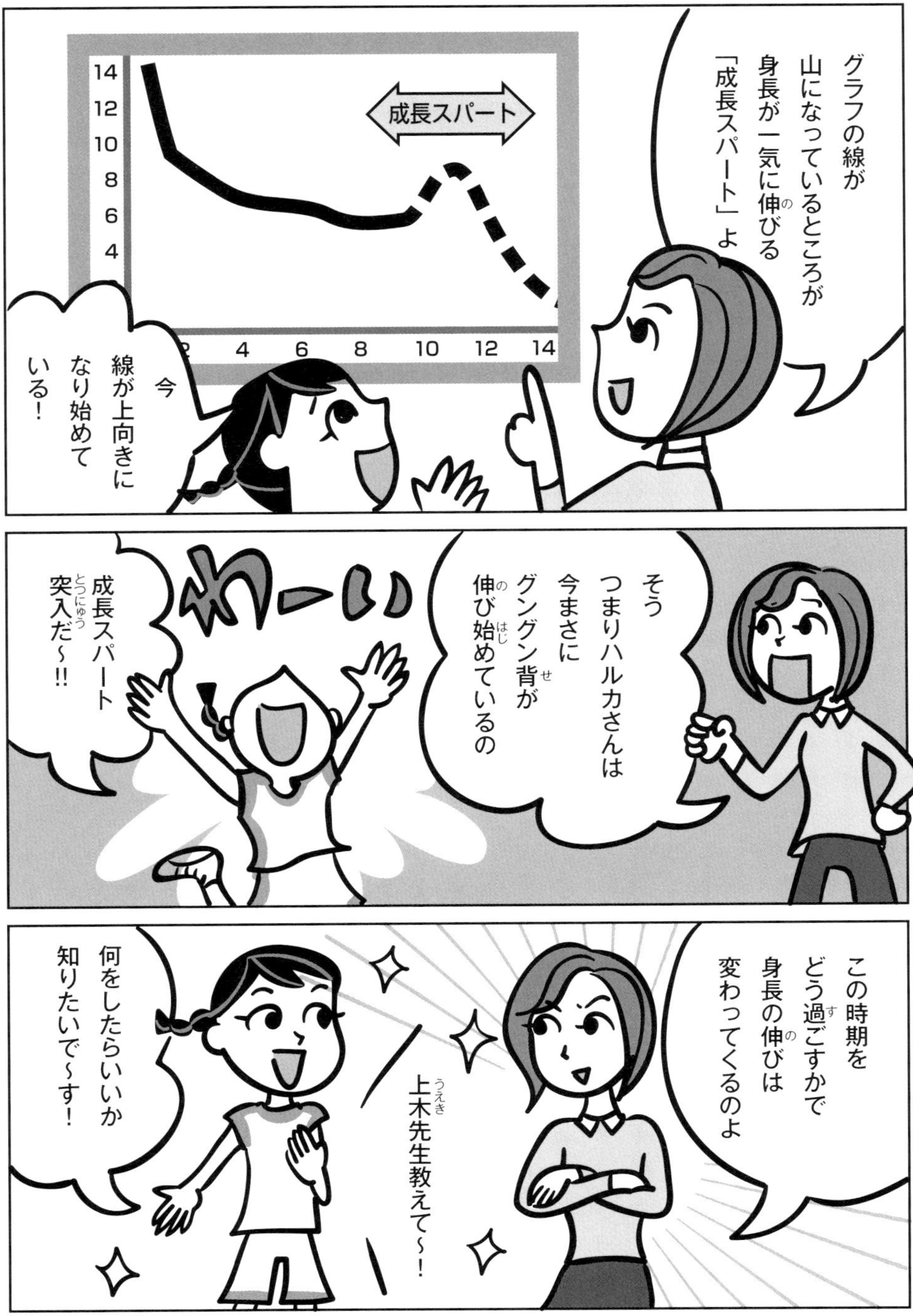
14
12
10
8
6
4
2
4
6
8
10
12
14
成長スパート
グラフの線が山になっているところが身長が一気に伸《の》びる「成長スパート」よ
今線が上向きになり始めている！
そうつまりハルカさんは今まさにグングン背《せ》が伸《の》び始《はじ》めているの
わーい
成長スパート突入《とつにゅう》だ～!!
この時期をどう過《す》ごすかで身長の伸《の》びは変わってくるのよ
上木《うえき》先生教えて～！
何をしたらいいか知りたいで～す！

14

自分の成長具合を確認《かくにん》！「成長曲線」をかいてみよう

どんな風に成長してきたのか グラフにしてみよう

スポーツの中には、体が大きいほうが有利といわれるものがありますね。みなさんの中にも「強くなるために、背《せ》が高くなりたい」と思っている人もいるのではないでしょうか。

その人がどのくらいの身長まで伸びるかは、お父《とう》さんとお母《かあ》さんの背《せ》の高さによって、ある程度《ていど》決まるといわれています。だいたいの予測《よそく》はつきますが、きょうだいの身長が全員同じではないように、同じお父《とう》さんとお母《かあ》さんから生まれても、身長には差が出ます。

本来伸《の》びる身長の限界《げんかい》までしっかり大きくなるには、まず、自分が健康的に身長が伸《の》び、体重が増《ふ》えているのかを知ることが大事。そのために、成長曲線というグラフが役に立ちます。成長曲線の横軸《よこじく》は年齢《ねんれい》、タテ軸《じく》には身長と体重の数値《すうち》がかかれています。毎年の身体測定《そくてい》の結果を書き込《こ》むと、自分の成長曲線をえがくことができます。どのように成長してきたのか、確認《かくにん》してみましょう。

成長の具合が一目でわかる成長曲線

成長曲線は日本の女子（男子用は男子）の身長や体重の統計《とうけい》データからつくられたグラフ。日本小児内分泌《しょうにないぶんぴつ》学会のホームページからもダウンロードできます。

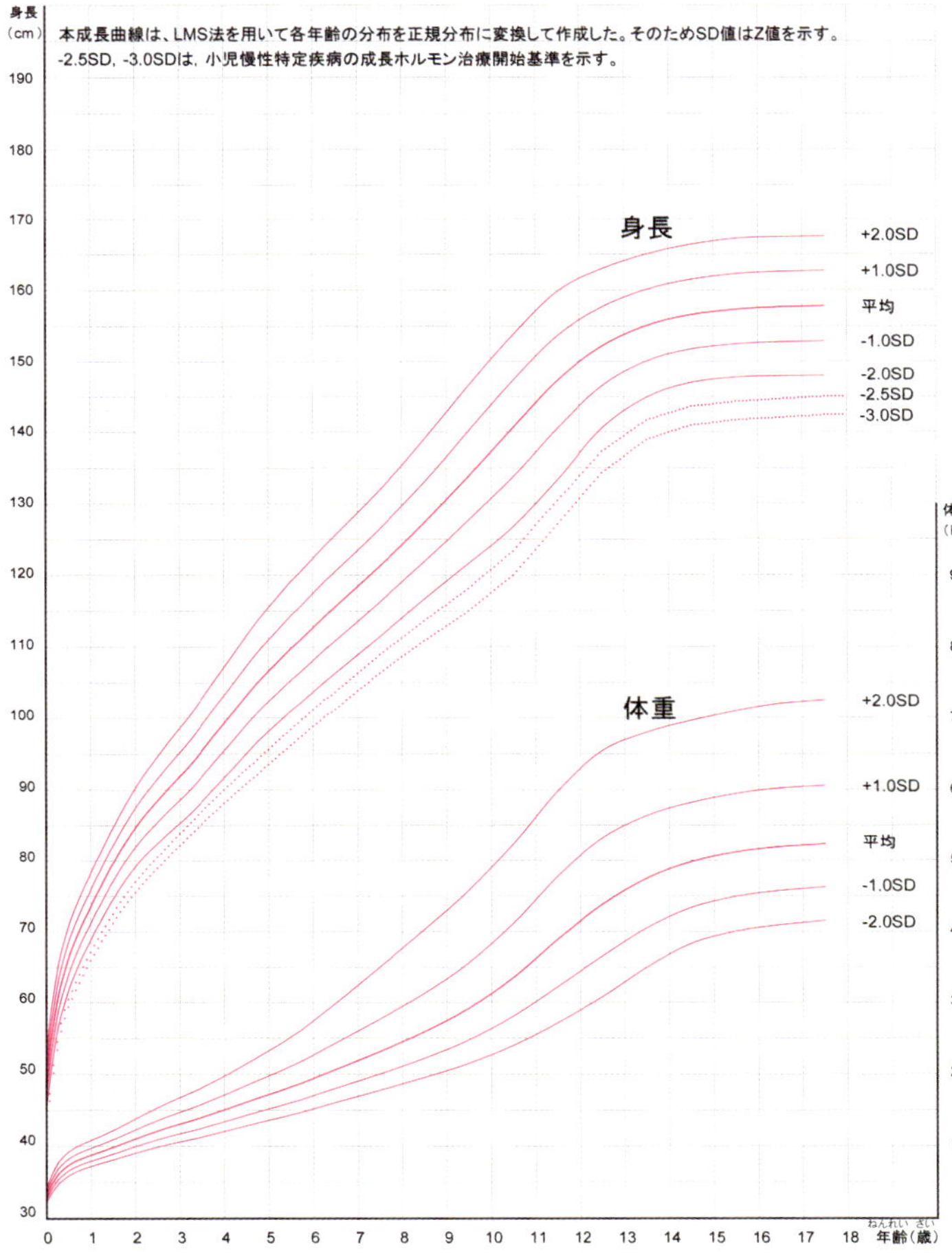

日本小児内分泌学会
ホームページ

まとめ
お父《とう》さんとお母《かあ》さんの身長からだいたいの身長が決まる。
成長曲線で、自分の成長具合を確認《かくにん》できる。

成長曲線のかき方

自分の成長具合がわかる、成長曲線をかいてみましょう。

準《じゅん》備《び》：毎年の身体測定《そくてい》の記録

学校で身体測定《そくてい》をした結果を記録する「成長の記録」や、おうちで身長、体重を測《はか》った記録など。年齢《ねんれい》ごとの身長や体重がわかるものが手元にあるときに、グラフをかいてみましょう。

身長と体重の記録例

	1年(7歳《さい》)	2年(8歳《さい》)	3年(9歳《さい》)	4年(10歳《さい》)	5年(11歳《さい》)	6年(12歳《さい》)
身長(cm)	113	119	125	131	138	144
体重(kg)	20	22	25	29	33	37

手順

❶グラフの横軸の年齢《ねんれい》と、左側のタテ軸の身長の数値《すうち》が交わる位置に●をつける。
（7歳《さい》113cmの場合、横軸が「7」、タテ軸が「113」の交わる位置）

❷記録にある身長の数値《すうち》をすべて、グラフに●をかき、線でつなぐ。

❸横軸の年齢《ねんれい》と右側のタテ軸の体重の数値《すうち》が交わる位置に●をつけて線でつなぐ。

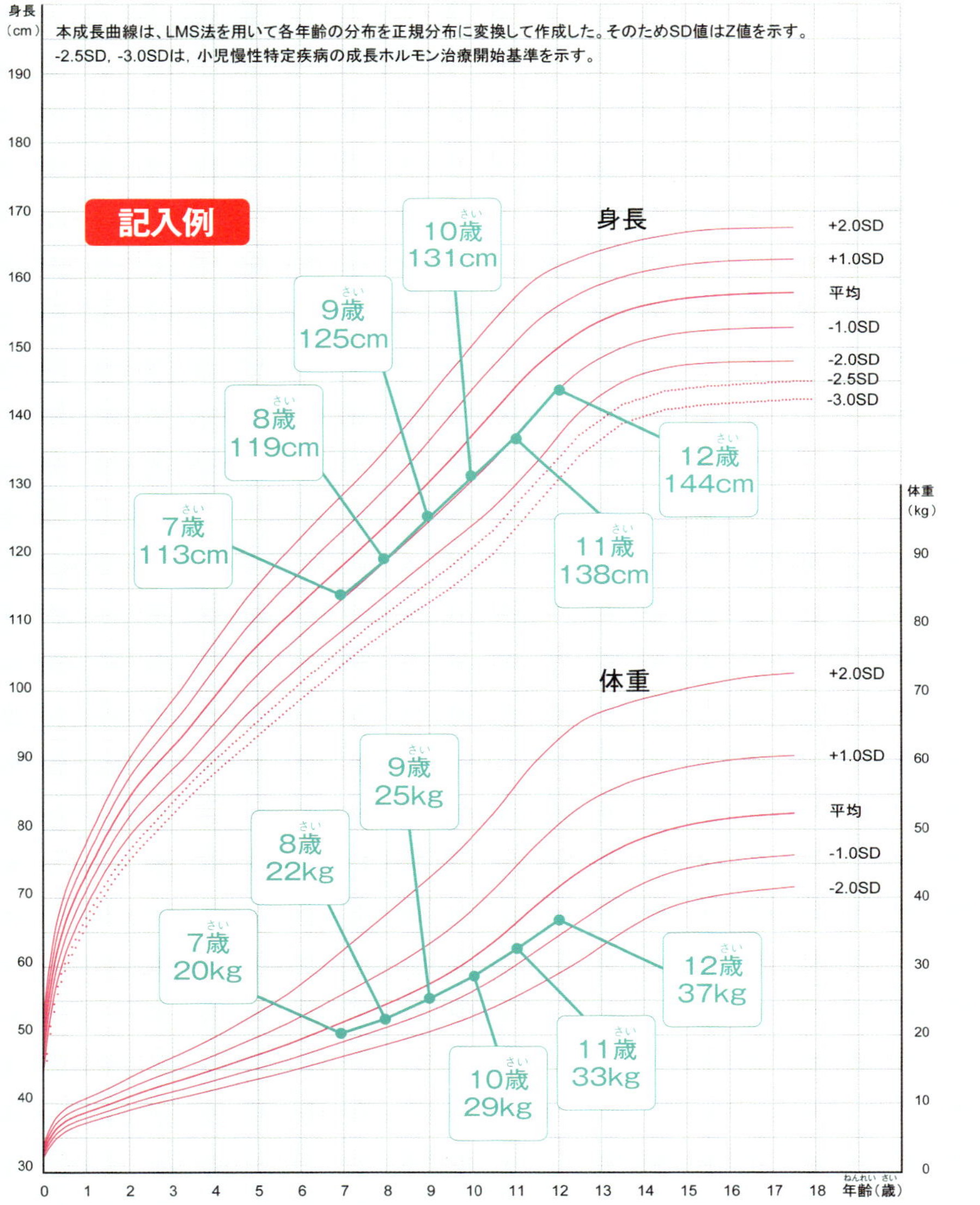
身長（cm）
本成長曲線は、LMS法を用いて各年齢の分布を正規分布に変換して作成した。そのためSD値はZ値を示す。
-2.5SD, -3.0SDは，小児慢性特定疾病の成長ホルモン治療開始基準を示す。
記入例
身長
+2.0SD
+1.0SD
平均
-1.0SD
-2.0SD
-2.5SD
-3.0SD
7歳《さい》 113cm
8歳《さい》 119cm
9歳《さい》 125cm
10歳《さい》 131cm
11歳《さい》 138cm
12歳《さい》 144cm
体重
+2.0SD
+1.0SD
平均
-1.0SD
-2.0SD
7歳《さい》 20kg
8歳《さい》 22kg
9歳《さい》 25kg
10歳《さい》 29kg
11歳《さい》 33kg
12歳《さい》 37kg
体重（kg）
年齢《ねんれい》（歳《さい》）

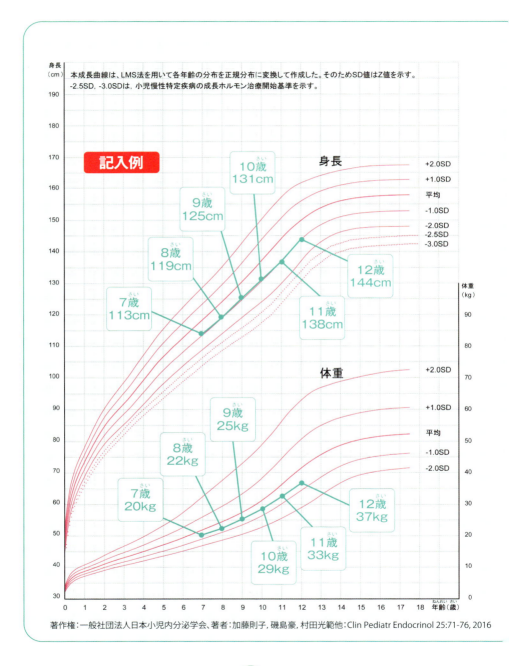

15 見本の成長曲線より下だったりカーブとズレていたら注意！

成長曲線の見本曲線と同じようなカーブで成長できていれば大丈夫《だいじょうぶ》

成長曲線は、日本の女の子（男子用は男の子）の身長や体重の統計《とうけい》をとった数値《すうち》が基準《きじゅん》になっています。平均《へいきん》より小さい子、大きい子、太めの子、やせている子など個人差《こじんさ》があるのは当然なので、平均《へいきん》の線をなぞるように成長していなくても大丈夫《だいじょうぶ》。ただし、成長曲線の範囲《はんい》から外れていたり、曲線のカーブとまったく違《ちが》うカーブをえがいているようなら、注意が必要です。

左の図でいうと❶の曲線は「-2.0SD」と表示《ひょうじ》がある実線の曲線より下にあります。これは十分に成長できていない恐《おそ》れがあります。❷の線のように、曲線からそれて急に大きくなっているときは、病気が隠《かく》れているかもしれません。❸のように突然《とつぜん》、線が横ばいになっていたら成長が止まってしまった可能性《かのうせい》があります。

これらのような曲線になっていたら、まわりの大人《おとな》や保健《ほけん》の先生に相談してみましょう。

こんな成長曲線だったら注意

身長の場合、見本の実線が5本、その下に点線が2本引かれています。自分の成長曲線が一番下の実線よりも下だったり、見本のカーブとそれていないか確認《かくにん》しましょう。

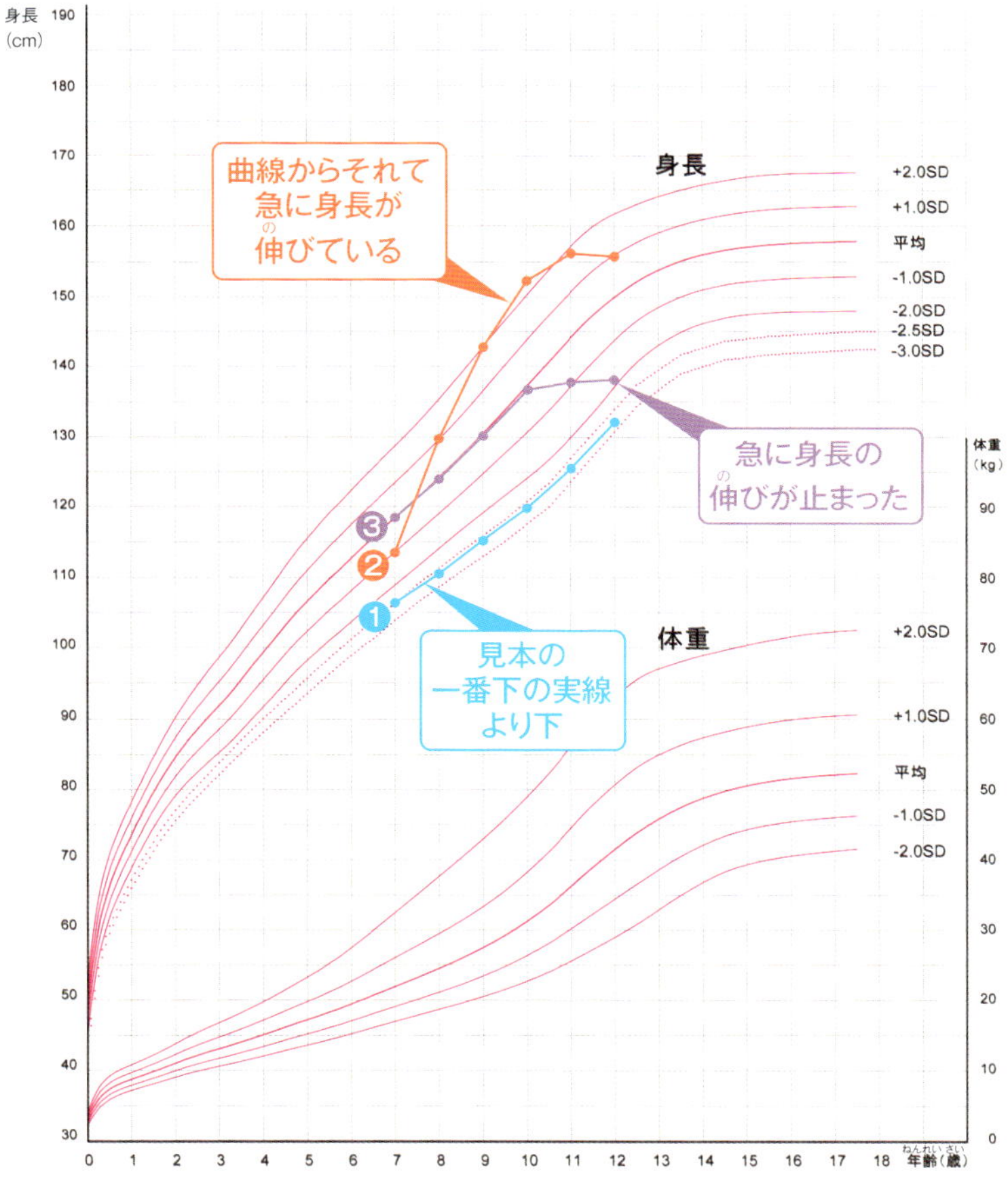

著作権：一般社団法人日本小児内分泌学会、著者：加藤則子, 磯島豪, 村田光範他：Clin Pediatr Endocrinol 25:71-76, 2016

まとめ　成長曲線から大きく外れているときは病気の可能性《かのうせい》も。気がついたら、まわりの大人《おとな》に相談しよう。

16 成長スパートがわかる「年間発育量グラフ」

1年で何cm伸《の》びたのかをグラフ化してみよう

みなさんの背《せ》がグンと伸《の》びる時期は、人生で2回あります。最初は赤ちゃんのとき。約50cmくらいで生まれ、4歳《さい》には倍の約1mになります。次にグンと成長するのが、「第二次成長期」といわれる時期で、女子は10～15歳《さい》、男子は11～16歳《さい》の頃《ころ》におとずれ、この時期を過《す》ぎると身長はほとんど伸《の》びなくなります。

1年に何cm身長が伸《の》びたかをグラフ化する、左ページのような「年間発育量グラフ」を作ると、成長期の始まりが一目でわかります。グラフの山になっている部分が第二次成長期で、この時期のことを「成長スパート」といいます。大事なのは、いつ成長スパートに突《とつ》入《にゅう》したのかをきちんと知ること。ぜひ、1年に何cm身長が伸《の》びたかを記録して、グラフを作ってみましょう。グラフの線が上向いたときが成長スパートの始まり。この時期に食事や運動、睡眠《すいみん》を工夫《くふう》することで、自分の可能《かのう》性《せい》の最大限《さいだいげん》まで、背《せ》を伸《の》ばすことができます。

年間発育量グラフとは

横軸《よこじく》に年齢《ねんれい》、タテ軸《じく》に1年間に伸《の》びた身長を示《しめ》したグラフです。このグラフを作っていくと、グラフが山なりになる場所があります。ここが成長スパートで背《せ》を伸《の》ばすチャンスの時期です。

身長の伸《の》びの変化

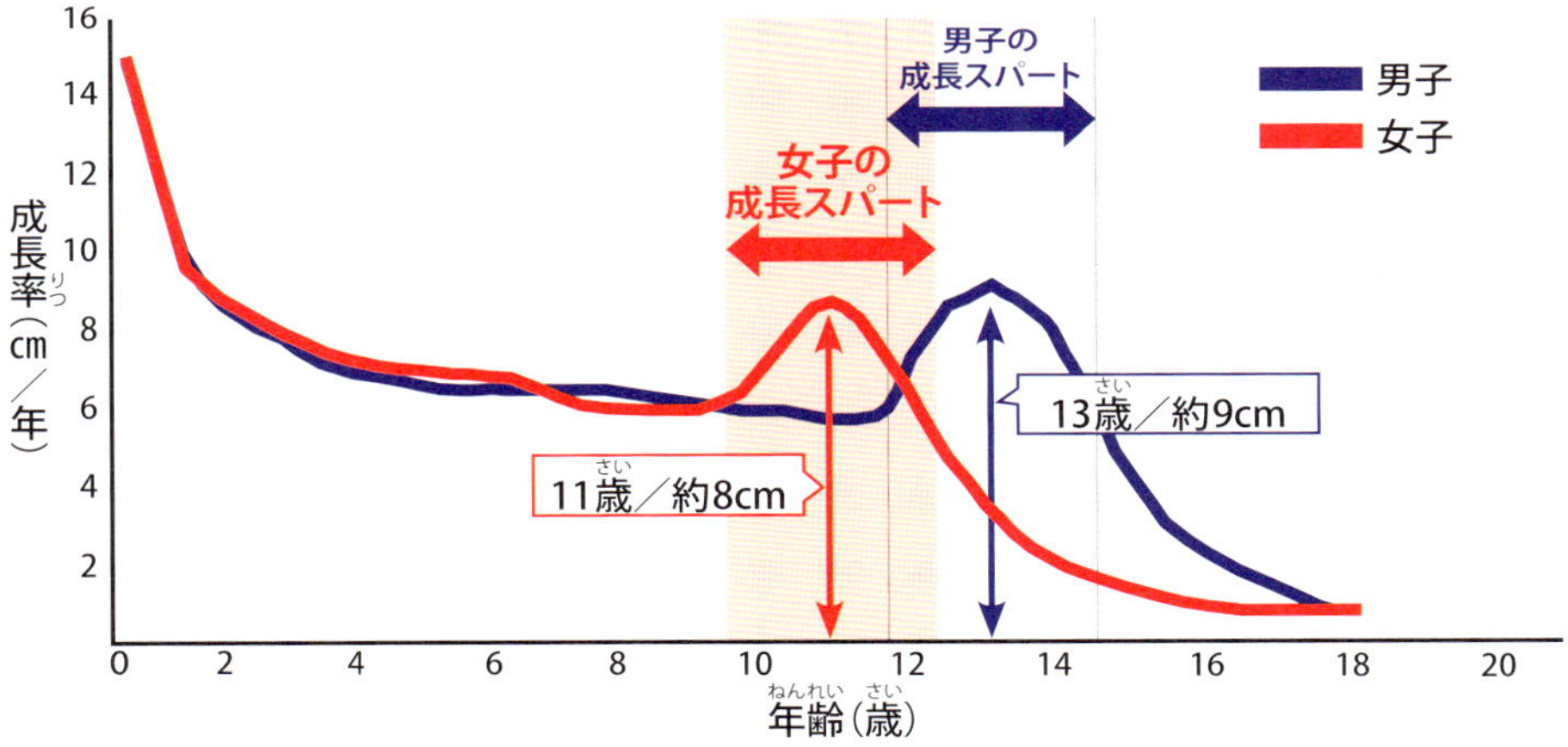

※思春期の成長スパートは開始年齢《ねんれい》が人により4～5歳異《さいこと》なります。
参考：平成12年 乳幼児《にゅうようじ》身体発育 調査報告書《ちょうさほうこくしょ》（厚生労働省《こうせいろうどうしょう》）及《およ》び平成12年度学校保健統《ほけんとう》計《けい》 調査報告書《ちょうさほうこくしょ》（文部科学省）

1年間にどのくらい身長が伸《の》びたかを記録していこう。グラフの例だと女子は10歳《さい》前後、男子は11歳《さい》前後から山なりになる時期がある。これが成長スパートの始まり。身長を伸《の》ばすには、成長スパートの始まりを見逃《みのが》さないことが大事！

まとめ　1年間でどのくらい背《せ》が伸《の》びたかをグラフにつけると背《せ》がグンと伸《の》びる「成長スパート」の始まりがわかる。

17 体重がグンと増《ふ》え始《はじ》めるのも成長スパートが始まるサイン

体重をこまめに量ってグンと増《ふ》えるときを知ろう

成長スパートに気づく方法は、もう一つあります。それは体重の変化。成長するときは、身長だけが伸《の》びるわけではありません。体重も増《ふ》えていきます。体重の変化を記録していき、増《ふ》え方《かた》が大きくなってきたら、それは「成長スパートに突入《とつにゅう》した」というしるしです。

逆《ぎゃく》に考えると、体重が増《ふ》えなければ、成長スパートはやってこないのです。みなさんの中には、「太りたくないから、あまり食べないようにしている」という人がいるかもしれません。身長が伸《の》びていく時期に体重が増《ふ》えない、あるいは減《へ》っていくのは大問題。身長が伸《の》びるチャンスをつぶしているかもしれません。成長期に栄養が足りないと、身長以外にも、さまざまな健康の問題が出てきます。

身長はなかなか測《はか》る機会がないけれど、体重ならおうちの体重計などで気軽に量れるのではないでしょうか。こまめに体重を量って、成長スパートを知るヒントにしましょう。

体重からも成長スパートに気づける

体重がゆっくり増《ふ》えていたのが、急にたくさん増《ふ》えるようになったら、成長スパートに入っているサインです。3カ月に1回は体重を量り、記録するようにしましょう。

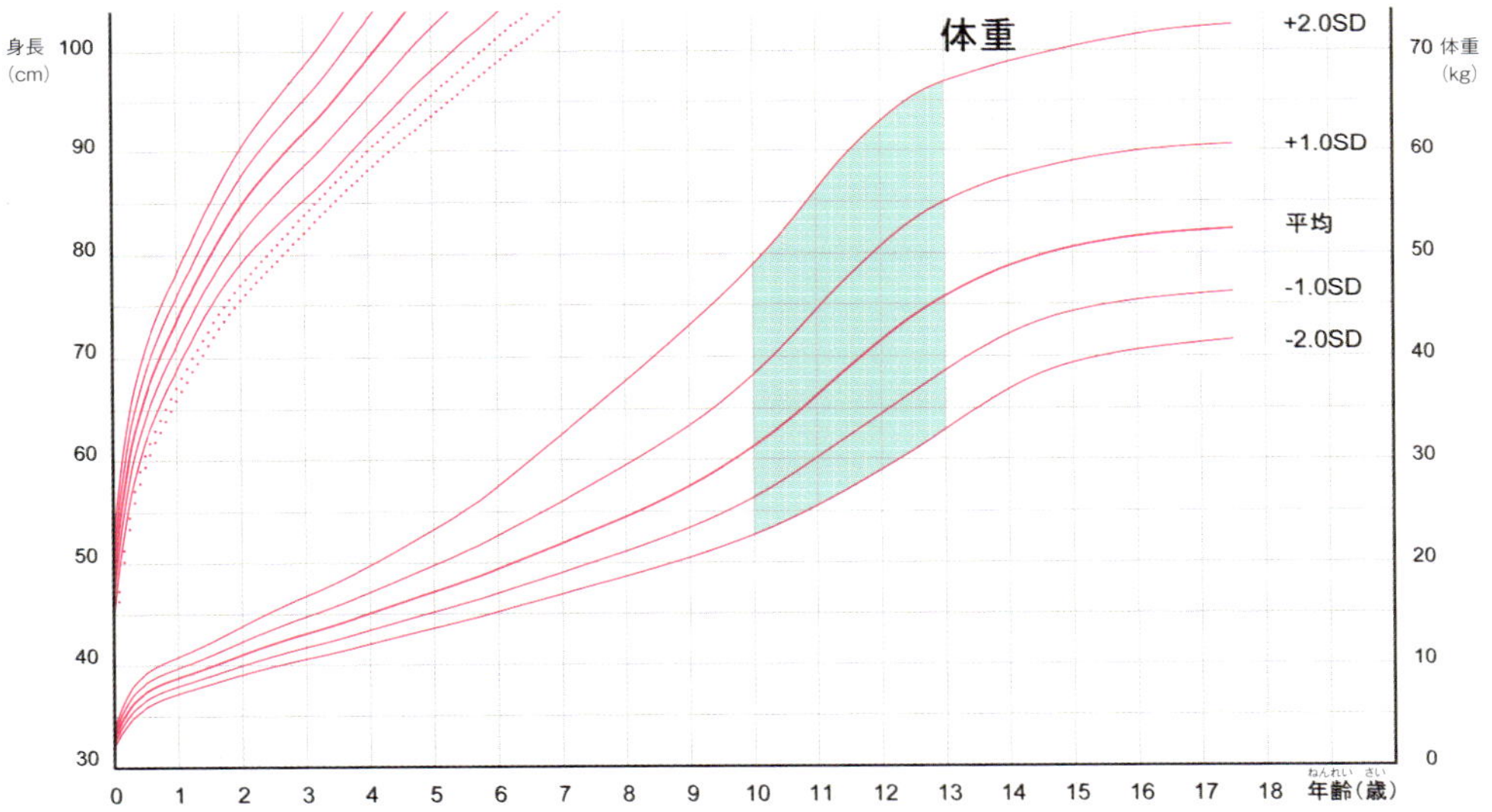

著作権：一般社団法人日本小児内分泌学会、著者：加藤則子, 磯島豪, 村田光範他：Clin Pediatr Endocrinol 25:71-76, 2016

成長スパートの時期は、体重の変化を示《しめ》す成長曲線のカーブが、大きく上がり始める。体重を量ってグラフにかき込《こ》み、カーブが上がり始める時期に気づけるようにしよう。

まとめ　**成長スパートが始まるときには体重も増《ふ》える。**
体重がたくさん増《ふ》え始《はじ》める時期を見逃《みのが》さない！

18 成長スパートをお知らせしてくれる「スラリちゃん、Ｈｅｉｇｈｔ《ハイト》！」

数値《すうち》を打《う》ち込《こ》めば自動的にグラフができる！

順天堂大学女性《じょせい》スポーツ研究センターが開発した「スラリちゃん、Ｈｅｉｇｈｔ《ハイト》！」というソフトは、成長期のみなさんにとても便利なソフトです。このソフトに体重や身長の情報《じょうほう》を打《う》ち込《こ》んでいくと、これまでお伝えしてきたような身長や体重の変化を自動的にグラフにしてくれるのです。また、継続《けいぞく》して打《う》ち込《こ》んでいくと、年間成長速度や予測《よそく》最終身長も計算してくれます。グラフや数値《すうち》は、印刷したり、ほかの人に送ったりすることができるので、成長の変化をおうちの人やチームの監督《かんとく》、コーチと共有することもできます。

また、成長スパートが始まったときや、体重が減少《げんしょう》したときなど、食事や練習内容《ないよう》を見直したほうがいいタイミングでお知らせが届《とど》く機能《きのう》もついています。

左ページのアドレスにアクセスすると、ダウンロードできるので、おうちの人に協力してもらって、ぜひ使ってみてください。

スラリちゃん、Height《ハイト》!でできること

「スラリちゃん、Height《ハイト》！」はパソコン用ソフトウェア。身長や体重の数値《すうち》を打《う》ち込《こ》むと、成長の度合いをグラフ化。成長スパートに入ったタイミングも知らせてくれます。

「スラリちゃん、Height《ハイト》！」はこちらからダウンロード！

https://research-center.juntendo.ac.jp/jcrws/research-products/support/surari_height/

「スラリちゃん、Height《ハイト》!」で検索《けんさく》を！

または、

こちらのQRコードを

読《よ》み込《こ》んでください。

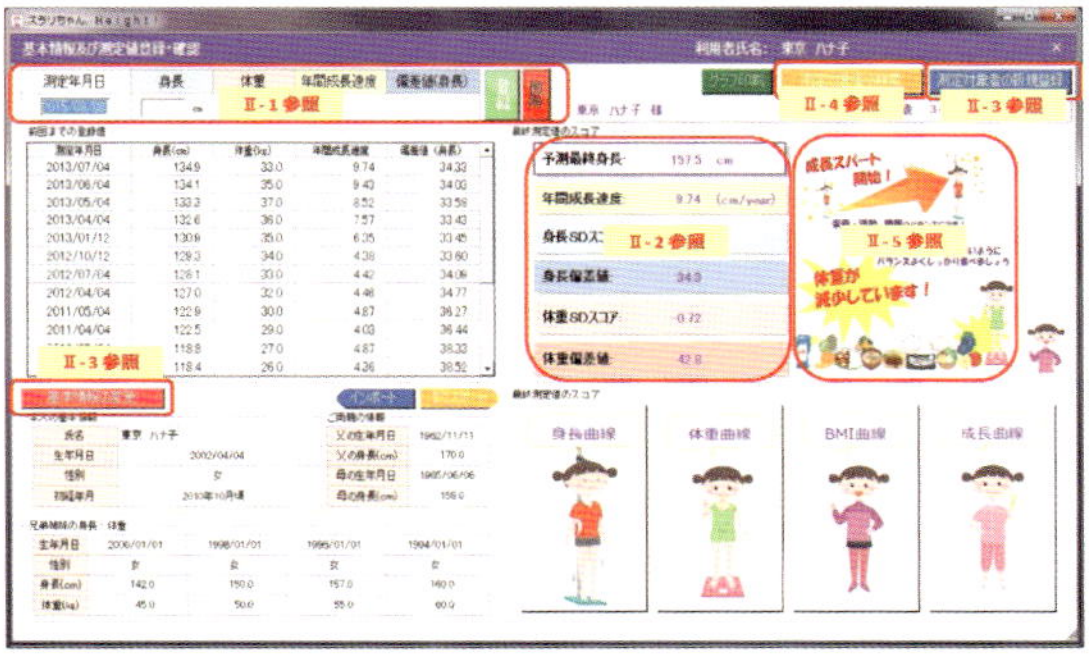

両親と子どもの身長、体重を打《う》ち込《こ》んでいくことで、身長曲線や体重曲線、成長曲線など、さまざまな成長の変化がグラフで一目でわかるように！

「体重が減少《げんしょう》しています！」「成長スパート開始！」など、成長にとって大事な変化が起きると、お知らせが届《とど》く。

まとめ スラリちゃん、Height《ハイト》！は、成長の様子が一目でわかるソフト。強い女子選手になるために、活用したい。

19 成長スパートのときにやること①
必要な栄養をしっかりとる

特にとりたいのは カルシウムとたんぱく質《しつ》

成長スパートを迎《むか》えた女子選手が身長を伸《の》ばすために気をつけたいことは主に3つあります。それは食事、睡眠《すいみん》、運動。1つめの食事からお話ししていきましょう。

成長スパートを迎《むか》えたとき、必要な栄養が不足していると、身長が十分に伸《の》びません。そして高身長の女子選手がどんな栄養素《えいようそ》をとっていたのかを見ると、カルシウム、たんぱく質《しつ》をしっかりとっていることがわかっています。身長が伸《の》びるのは、骨《ほね》が伸《の》びるからです。そして骨《ほね》が伸《の》びるためには、骨《ほね》の材料であるカルシウムが欠かせません。体もそのことがわかっていて、成長スパートを迎《むか》える時期は、カルシウムの吸収率《きゅうしゅうりつ》が高くなります。

そしてたんぱく質《しつ》も、骨《ほね》や筋肉《きんにく》の材料になります。成長スパートを迎《むか》えたときにカルシウムやたんぱく質《しつ》が足りないのは、大工さんが集まっているのに、柱や壁《かべ》の材料がないようなもの。積極的に食べましょう。

成長スパートのとき特にとりたい栄養素《えいようそ》

体を家にたとえるなら骨《ほね》は柱、壁《かべ》や屋根が筋肉《きんにく》です。これらの材料であるカルシウムとたんぱく質《しつ》が不足してしまうと、十分に身長を伸《の》ばすことができません。

たんぱく質《しつ》

骨《ほね》の成長にも、筋肉《きんにく》の成長にも大切な栄養素《えいようそ》。肉や魚、乳製品《にゅうせいひん》など、いろいろなものからバランスよくとろう。

カルシウム

骨《ほね》をつくる細胞《さいぼう》の材料になる。成長のためはもちろん、この先の人生で必要なカルシウムをためておける時期なので、しっかりとっておきたい。

カルシウムとたんぱく質《しつ》をとりやすい食べ物

牛乳《ぎゅうにゅう》

骨《ほね》ごと食べられる小魚

納豆《なっとう》

チーズ

豆腐《とうふ》

ヨーグルト

まとめ　成長スパートに入ったら何はなくともしっかり食べる。特にカルシウムとたんぱく質《しつ》は不可欠《ふかけつ》。

20 成長スパートのときにやること② 毎日8～10時間、たっぷり寝《ね》る

深く寝入《ねい》ったときに成長ホルモンが出る

成長スパートの時期は、たくさん寝《ね》ることで身長が伸《の》びていきます。よく寝《ね》ると背《せ》が伸《の》びやすくなる秘密《ひみつ》は、寝《ね》ている間に脳《のう》の中で分泌《ぶんぴつ》されるホルモン「成長ホルモン」にあります。成長ホルモンが分泌《ぶんぴつ》されることで、骨《ほね》が伸《の》びていき、身長が伸《の》びるのです。

成長スパートに入ったら、できれば1日10時間、少なくとも8時間は寝《ね》るようにしましょう。遅《おそ》い時間までテレビを見たり、ゲームをして睡眠《すいみん》時間が短くなるのはダメ！ もし練習や塾《じゅく》で睡眠《すいみん》時間を確保《かくほ》するのが難《むずか》しいなら、睡眠《すいみん》時間を増《ふ》やすために時間の使い方を工夫《くふう》できないか、おうちの人やコーチに相談してもいいでしょう。

成長ホルモンは、眠《ねむ》りが深いとたくさん分《ぶん》泌《ぴつ》されるという特徴《とくちょう》があります。そのため、睡眠《すいみん》時間の長さだけでなく、深く眠《ねむ》ることも大事。左ページで紹介《しょうかい》している深く眠《ねむ》る工夫《くふう》もしてみましょう。

深く眠《ねむ》るためにできること

夜、何度も目が覚めてしまったり、ベッドに入ってもなかなか寝《ね》つけずうつらうつらするのは、浅い眠《ねむ》り。成長ホルモンがたくさん出る深い眠《ねむ》りを目指しましょう。

❶ 毎日同じ時間に寝《ね》て、同じ時間に起きる

睡眠《すいみん》のリズムを守るのが、深い眠《ねむ》りのためには大事。「夜9時に寝《ね》て朝7時に起きる」など、寝《ね》る時間と起きる時刻を毎日そろえよう。

❷ 寝《ね》る前はスマホやゲームをしない

スマホやゲームなどの電子機器はとても明るくて、脳《のう》は昼間だと勘違《かんちが》いしがち。すると寝《ね》る時間になってもなかなか眠《ねむ》くならない。夜はスマホやゲームをやめよう。

❸ 寝《ね》る直前に食べない

食べたものを消化するのは胃や腸だが、指令を出しているのは脳《のう》。そのため、食べてすぐ寝《ね》ると、脳《のう》はいつまでも休むことができない。食べるのは寝《ね》る2時間前までに。

❹ 寝《ね》る前に激《はげ》しいトレーニングをしない

私《わたし》たちには、体を活発に動かす神経《しんけい》と、体を休める神経《しんけい》の2種類がある。激《はげ》しい運動をすると、活発に動かす神経《しんけい》が働いて寝《ね》つけない。寝《ね》る前2時間は運動を避《さ》けよう。

まとめ　8～10時間寝《ね》ることで、身長が伸《の》びやすくなる。深く眠《ねむ》れる工夫《くふう》をしてみよう。

21 成長スパートのときにやること③ 適《てき》度《ど》に運動する

運動不足も運動のしすぎもよくない

成長スパートの時期は運動も大切です。というのも、骨《ほね》は運動の刺激《しげき》を受けて伸《の》びやすくなるから。また、運動を全然せず太って体重が増《ふ》えると、脳《のう》は「もう十分、エネルギーがたまっているから大きくなる必要はない」と判断《はんだん》して、成長を止めてしまうこともあります。とはいえ、みなさんは、スポーツに一《いっ》生懸命《しょうけんめい》取り組んでいる女子選手ですから、運動不足の心配はないでしょう。むしろ運動のしすぎに注意です。

骨《ほね》が急激《きゅうげき》に伸《の》びる成長スパートの時期に激《はげ》しい運動を続けると、関節への負担《ふたん》が大きくなり、ひざの裏側《うらがわ》や足首が痛《いた》くなる「成長痛《つう》」を引き起こす恐《おそ》れがあるのです。また運動でエネルギーを使いすぎると、成長に必要なエネルギーが足りなくなることもあります。成長スパートが始まって体重の増《ふ》え方《かた》が鈍《にぶ》くなったら、食事を増《ふ》やしたり練習を減《へ》らすことを、おうちの人やコーチに相談しましょう。

成長スパートのときは適度《てきど》な運動を!

運動しなくて太ってしまうのも、運動しすぎてエネルギーを使い切ってしまうのも成長には悪影響《えいきょう》をおよぼします。自分の体にちょうどいい運動量を探《さが》しましょう。

運動しなさすぎ

骨《ほね》が刺激《しげき》されないため骨《ほね》が伸《の》びにくい。また、脳《のう》が「エネルギーはすでに十分たまった」と判断《はんだん》して成長を止めてしまうことも。

ちょうどいい運動量

骨《ほね》が刺激《しげき》され、身長が伸《の》びていく。順調に成長スパートで伸《の》びていることを、身長と体重をこまめに測定《そくてい》して確《かく》認《にん》しよう。

運動しすぎ

ひざや足首が痛《いた》くなったり、ごはんを食べているのに体重が減《へ》ってしまうようなら運動をしすぎている恐《おそ》れが。成長が止まる原因《げんいん》になる。

まとめ　成長スパートのとき運動不足だと、十分成長できない。
運動しすぎもダメ。体重が減《へ》っていないかこまめに量って確認《かくにん》を。

コラム

すぐ食べられるたんぱく質《しつ》食材をおうちの人に用意してもらおう！

女子選手がしっかりとりたい栄養素《えいようそ》のうち、不足しやすいのはたんぱく質《しつ》です。特に朝食は、トーストだけ、ふりかけをかけたごはんだけなど、炭水化物だけのメニューになりがち。

とはいえ、みなさんのほとんどが、おうちの人に食事を用意してもらっているでしょう。そこでぜひ、サッと食べられるたんぱく質《しつ》の食材を買い置きしてもらえるよう、お願いしてみましょう。

おすすめの食材は、ゆで卵《たまご》、ハム、サラダチキンやしらす干《ぼ》し、納豆《なっとう》、牛乳《ぎゅうにゅう》、チーズなどです。

おうちの人がトーストを用意してくれたら、自分で冷蔵庫《れいぞう》からハムとチーズを出してトーストにのせればＯＫ。これで、たんぱく質《しつ》もとれる朝食メニューに早変わりします！

第3章

女子選手がなりやすい「エネルギー不足」の怖《こわ》さを知ろう

競技《きょうぎ》で強くなるために、ダイエットをがんばりすぎるのは危険《きけん》。体調を崩《くず》したり、ケガをしやすくなることがあるのです。

「やせているほうが強い」はもう古い!?

サクラの場合

翌日《よくじつ》
面積の求め方は…
グ～グ～
キュル キュル～
ダメだ おなかが減《へ》ったしか 考えられない
給食の時間
ごちそうさま でした
サクラ それしか 食べないの～？
ダイエット しようかな って
わかる～
私《わたし》も足細く なりた～い
でもお菓子《かし》が やめられないよね～
サクラ 意志《いし》強～い！
体調でも悪いの？
体操《たいそう》やって いるから 太りたく ないんです
公認《こうにん》スポーツ 栄養士の 上木《うえき》先生だ～
じゃぁ 体操《たいそう》がもっと 上手《じょうず》になる 食事法教えるわ 放課後 保健《ほけん》室に 来《き》てくれる？
はい！

失礼しま～す
あ
体操《たいそう》の本ですか？
そうよ
すごい筋肉《きんにく》
昔はやせている選手が有利といわれていたけれど
今は体をしっかりつくった選手がすごい大技《おおわざ》を決めて勝つようになっているわ
そうなんだ!?
へー
新体操《しんたいそう》の日本代表「フェアリージャパン」も身長の高い選手が多いでしょ
成長期にダイエットしていたら身長も十分伸《の》びないわ
スラッ
たしかに…

ヨーロッパではやせすぎのモデルはショーに出られない決まりになったの「やせているのが美しい」は古い考えってこと
はい だから食べて
グ〜〜
成長期のダイエットは本当に危険《きけん》なの
パクパクパク
危険《きけん》!?
生理がこなくなってしまったり骨《ほね》が弱くなって骨折《こっせつ》しやすくなったり
え!?
ケガに苦しんで競技《きょうぎ》をやめちゃった子もたくさん見てきたわ
あの子もこの子も
オリンピック狙《ねら》えたかもなのに…
成長期のダイエット何が危険《きけん》なのかちゃんと知りたいです
いっしょに知っていきましょう

22 女性アスリートの3主徴《しゅちょう》「FAT」に注意しよう

エネルギー不足によってさまざまなトラブルが起きる

競技《きょうぎ》をがんばっている女子選手が体を壊《こわ》してしまうこともあります。その原因《げんいん》として、世界的に問題視《もんだいし》されているのが「FAT」。「Female Athlete Triad（フィーメール・アスリート・トライアド）」の略《りゃく》で、女子選手が陥《おちい》りやすい3つの障害《しょうがい》という意味です。どんな障害《しょうがい》があるのかを知っておきましょう。

1つ目は「エネルギー不足」。これは体操《たいそう》やフィギュアスケート、陸上選手など「やせているほうが有利」と考えられている競技《きょうぎ》の選手に多い障害《しょうがい》。やせているほうが有利と考えるのは古い考え方です。ただ、そう考えている選手や指導者《しどうしゃ》が多く「太ってはいけない」「食べすぎてはいけない」と、食べるのをがまんする女子選手が非常《ひじょう》に多いのです。

エネルギーが不足することで、2つ目の問題「生理がこない（あるいは止まる）」、3つ目の問題「骨《ほね》が弱くなる」が起きます。「FAT」について、詳《くわ》しく見ていきましょう。

女子選手に起きやすい3つの障害《しょうがい》

陸上や審美系《しんびけい》（技《わざ》の難易《なんい》度や演技《えんぎ》の美しさが評価《ひょうか》される）競技《きょうぎ》の女子選手は、やせているほうが有利と考えられがち。食べるのをがまんすると、3つの障害《しょうがい》が起きやすくなります。

エネルギーが不足する

食べたエネルギーよりも、運動や成長のために使うエネルギーのほうが多いと体のエネルギーが足りなくなってしまう。

生理がこない（止まる）

女子にとって生理はとても大切なもの。ダイエットして体《たい》脂肪《しぼう》が少なくなりすぎると体は生理を起こすことができなくなってしまう。

骨《ほね》が弱くなる

エネルギーが足りないと、骨《ほね》をつくることができなくなる。また、生理がないことでも骨《ほね》が強くならない。

まとめ　女子選手が体を壊《こわ》す原因《げんいん》「FAT」は、世界的に問題になっている。食べるのをがまんしてエネルギー不足になるのが原因《げんいん》の一つ。

23 エネルギーが不足すると体はエネルギーを節約し始める

疲《つか》れやすくなり身長の伸《の》びも止まる!?

エネルギーが不足するとどんなことが起きるのでしょう。みなさんは、心臓《しんぞう》を動かすなど「生きるため」にエネルギーを使っています。そして、学校まで歩くなど「生活するため」にエネルギーを使い、さらに「運動するため」、体を「成長させるため」にもエネルギーを使っています。これらの必要なエネルギーはすべて、食事でまかなっていて、食べる量が減《へ》ると、体はエネルギーを節約して使うようになるのです。

「生きるため」のエネルギーを節約すれば、風邪《かぜ》をひきやすくなったり、頭がボーッとしたりします。「生活するため」のエネルギーを節約すればすぐ疲《つか》れますし、「運動で使う」エネルギーを節約すれば、ジャンプ力も持久《じきゅう》力《りょく》も落ちます。そして「成長するため」のエネルギーを節約すれば、身長が止まり、筋肉《きんにく》もつきません。女子選手にとって困《こま》ることばかり起きるのです。

エネルギー不足によって体に起きる変化

みなさんはお小遣《こづか》いが減《へ》れば、欲《ほ》しいものを買うのをがまんしますね。同じように体もエネルギーが減《へ》れば、できるだけ使わないように節約します。

エネルギーが十分

エネルギーが足りない

体が使うエネルギーを節約する

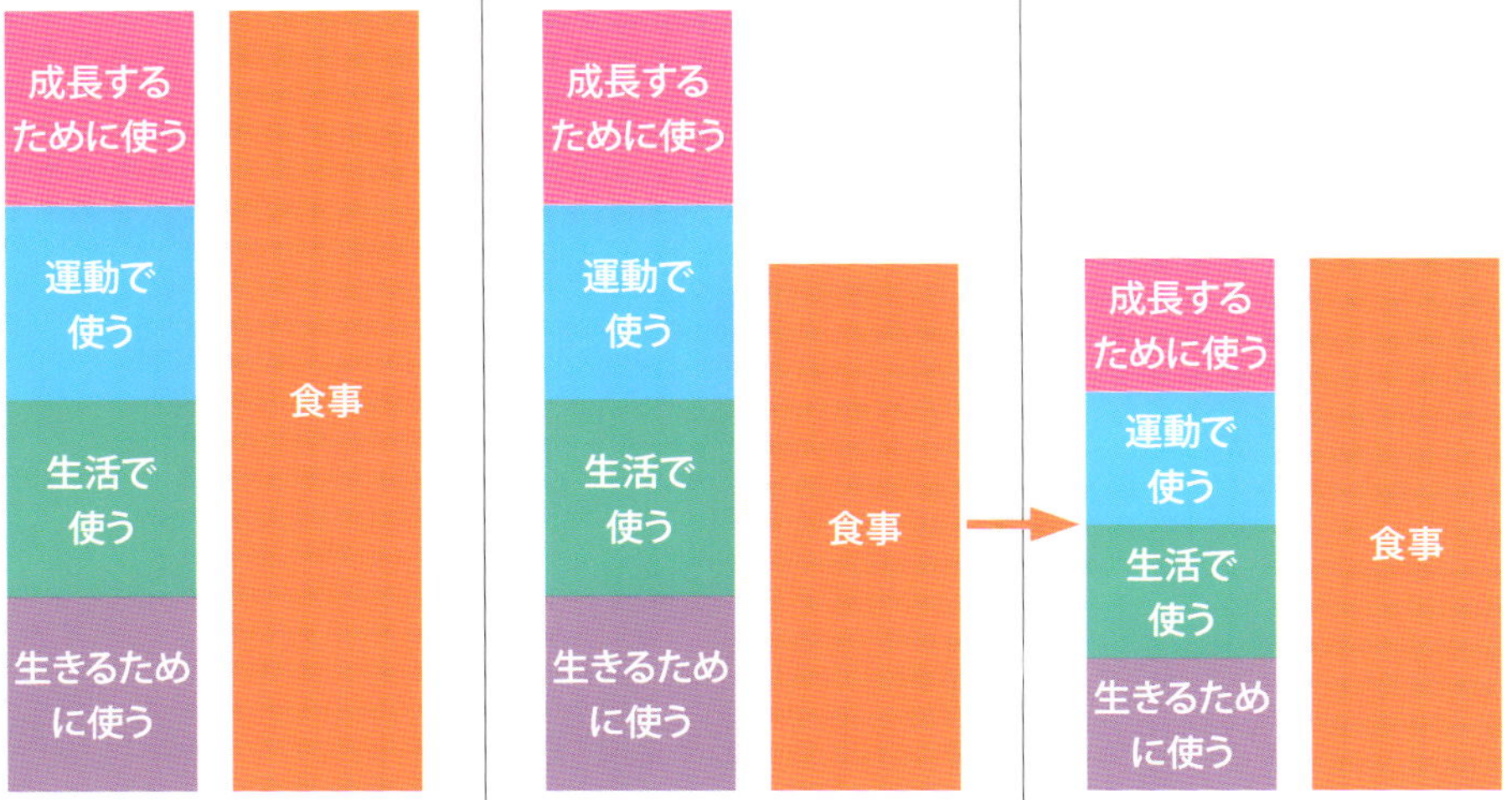

使っているエネルギーと同じだけ、エネルギーをとっていれば、毎日を元気に過《す》ごすことができ、グングン成長できる。

使っているエネルギー量に対して、入ってくるエネルギー量が少ないと、体はエネルギー不足になってしまう。

エネルギー不足が続くと、体は節約モードに。少ないエネルギーで生きていける、弱々しい体になり成長も止まりやすい。

まとめ　使うエネルギーよりも食事のエネルギーが少なくなると体はエネルギーを節約。弱い体になり十分成長できない。

24 無理なダイエットをするとかえって太りやすくなる

節約モードの体ではエネルギーを消費できない

食べる量が少なくなると、体は使うエネルギーを節約するとお話ししました。その結果、前よりも太りやすい体になってしまうのです。

たとえば、これまで2000kcal《キロカロリー》のエネルギーを食べていた人がダイエットを始めて、半分の1000kcalしか食べなくなったとします。すると体は節約モードに入り、1000kcalで生きていけるように、体の活動をレベルダウンさせます。疲《つか》れやすく、たくさん走れず、すぐ風邪《かぜ》をひいてしまう体です。成長に回すエネルギーはないので、成長も止まります。

この状態《じょうたい》で以前と同じように2000kcal食べる生活に戻《もど》すと、体はすでに1000kcalしか消費できなくなっていますから、1000kcal余《あま》ってしまいます。今まで2000kcal食べても太らなかったのに、2000kcal食べると太る体になってしまうということです。体を節約モードにさせないためには、必要なエネルギーを食事でとらなくてはなりません。

ダイエットすると太りやすくなる仕組み

食事の量を減《へ》らすと、やせたかったはずなのに、どんどん太りやすくなるという逆《ぎゃく》のことが起きてしまいます。それはエネルギーの消費量が減《へ》ってしまうからです。

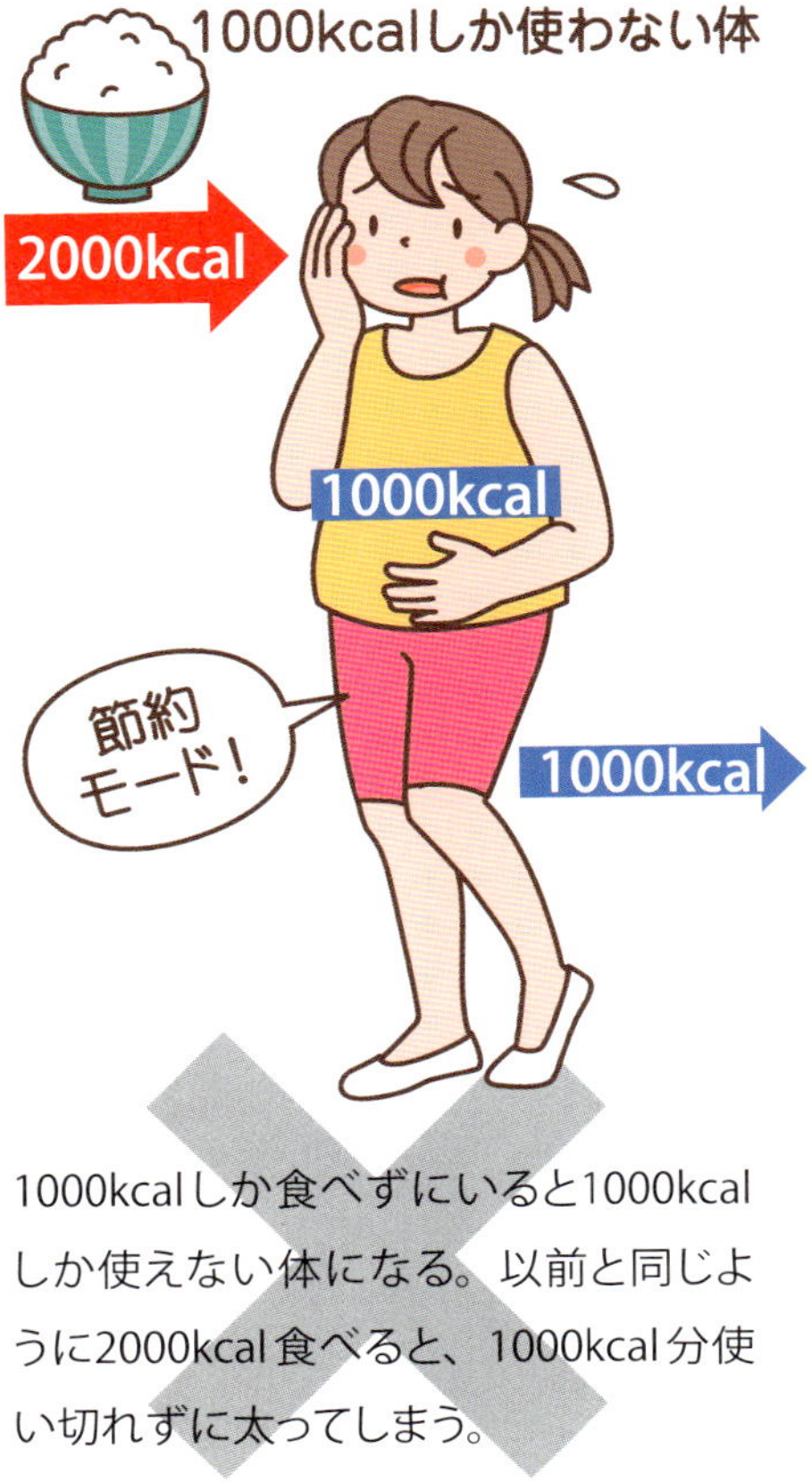

1000kcalしか食べずにいると1000kcalしか使えない体になる。以前と同じように2000kcal食べると、1000kcal分使い切れずに太ってしまう。

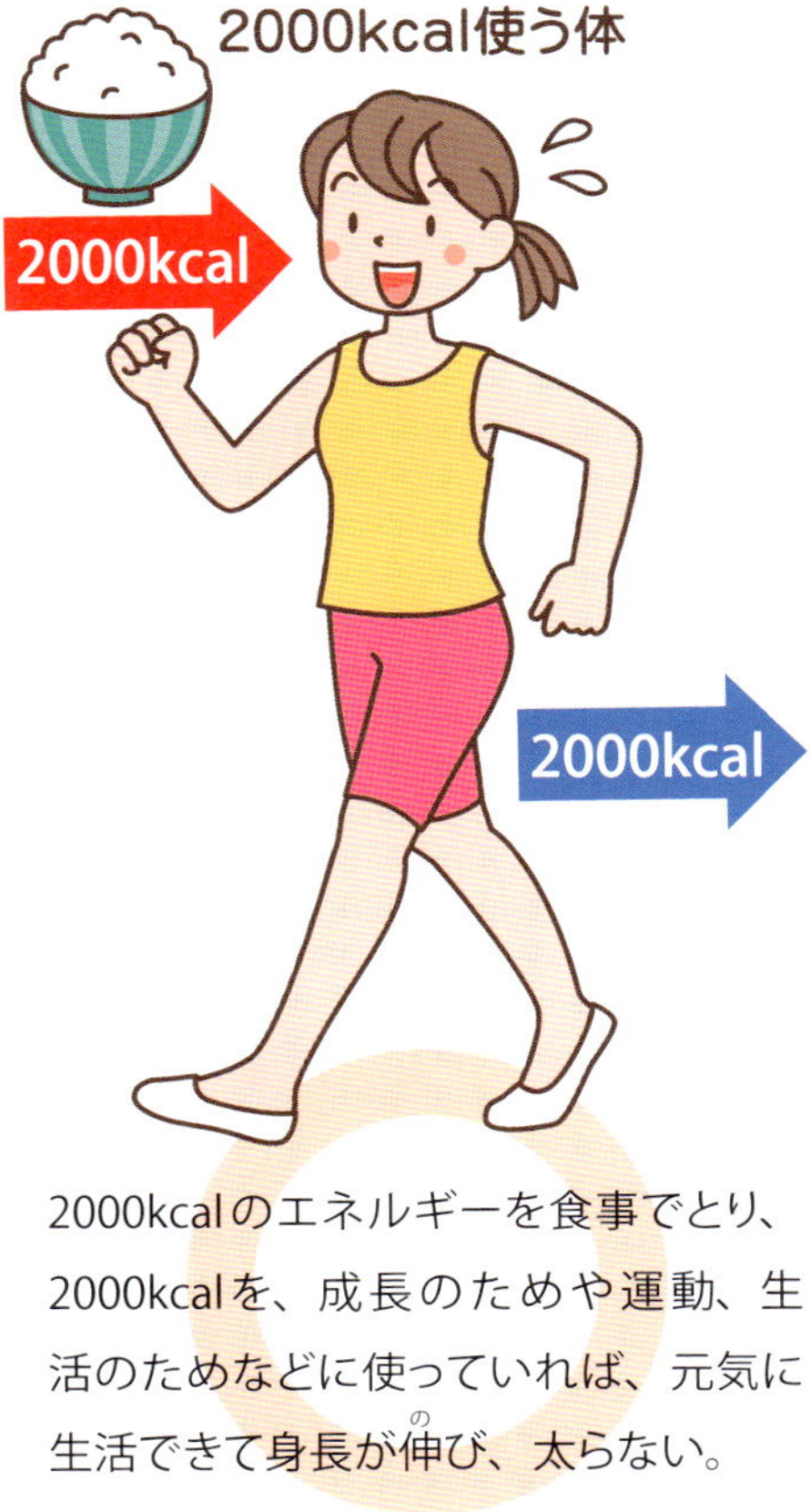

2000kcalのエネルギーを食事でとり、2000kcalを、成長のためや運動、生活のためなどに使っていれば、元気に生活できて身長が伸《の》び、太らない。

まとめ　エネルギーの摂取《せっしゅ》量を減《へ》らしてしまうと、エネルギーをたくさん使えない体になり、少しの食べすぎで太りやすくなる。

25 ダイエットをすると生理がこない!? そもそも生理とは?

女子の体が大人《おとな》に近づくと生理が始まる

女子選手に起きやすい障害《しょうがい》の一つに「生理がこない（止まる）」があります。まずは「生理（正しくは月経《げっけい》）」について説明しましょう。子どもと大人《おとな》では、体が違《ちが》いますね。小学校高学年になると、胸《むね》やお尻《しり》が大きくなったり、わき毛や陰毛《いんもう》が生えてきます。体が大人《おとな》へと変わっていく中で、体が「赤ちゃんを産む準備《じゅんび》ができた」と判断《はんだん》すると、生理が始まるのです。生理は約1カ月に1回、おまた（正しくは膣《ちつ》）から血液《けつえき》（正確《せいかく》には血液《けつえき》と子《し》宮内膜《きゅうないまく》が混《ま》ざった「月経血《げっけいけつ》」）が出る現象《げんしょう》です。血液《けつえき》が出るといってもケガや病気ではありません。初めて生理がくることを「初経《しょけい》」といい、だいたいの人は10〜15歳《さい》で迎《むか》えます。

ところが、無理なダイエットをして体が細いと、いつまでも初経《しょけい》がこなかったり、初経《しょけい》がきても生理が止まってしまうことがあります。これは体が生理を起こす余裕《よゆう》がない、危《き》機的状況《きてきじょうきょう》というサインなのです。

大人《おとな》になるのに向けて起きる体の変化

女子が8～9歳《さい》になると、「女性《じょせい》ホルモン」というホルモンが分泌《ぶんぴつ》されます。このホルモンの働きで、胸《むね》がふくらんだりお尻《しり》が大きくなったり、生理がくるなどの変化が起こります。

小学校低学年までは胸《むね》もお尻《しり》もぺたんこ。８～９歳《さい》で女性《じょせい》ホルモンが分泌《ぶんぴつ》されはじめる。また、10歳《さい》をすぎて成長スパート（P52参照）に突入《とつにゅう》すると、身長が伸《の》びて体重も増《ふ》える。すると体が「赤ちゃんを産む準備《じゅんび》ができた」と判断《はんだん》。15歳《さい》ごろまでに生理が始まる。

まとめ　女子が大人《おとな》になっていく途中《とちゅう》で生理が始まる。
体に余裕《よゆう》がないと、生理がこなかったり生理が止まる。

26

生理がなくてラク、は大間違《おおまちが》い。生理がこないと困《こま》ること

将来《しょうらい》赤ちゃんができにくく骨折《こっせつ》もしやすくなる

生理のときは、体が重く感じたり、おなかが痛《いた》くなる人もいます。また血液《けつえき》がもれないようナプキンという生理用品をまめに取りかえる必要もあり、「生理はめんどうくさいから、ないほうがラク」と思ってしまいがち。

また、体が軽いほうが有利と思われている競技《きょうぎ》の世界では「生理がないのはがんばっている証拠《しょうこ》」「生理が止まって一人前《いちにんまえ》」と考える選手や指導者《しどうしゃ》もいます。さらに、「たとえ生理が止まっても競技《きょうぎ》をやめればすぐに生理がくる」など、不正確な情報《じょうほう》も広まっています。

生理は女子の体にとって、とても大事なことです。生理がない「無月経《げっけい》」の状態《じょうたい》が続くと、将来《しょうらい》、赤ちゃんを産めなくなる危険《きけん》があります。

また、月経《げっけい》を起こす女性《じょせい》ホルモンには骨《ほね》を強くする働きがあるので、無月経《げっけい》が続くと骨《ほね》が強くなることができず骨折《こっせつ》しやすくなる恐《おそ》れもあります。

生理がこなくなってしまう女子選手は多い!!

競技《きょうぎ》のためにダイエットをして、生理がこなくなったり止まったりする女子選手は、とても多いのが現状《げんじょう》。医学的に間違《まちが》った情報《じょうほう》が広まっているのも、原因《げんいん》と考えられます。

これらはみんな、医学的に間違《まちが》い!

生理がないのは女子の体にとって一大事で、無月《げつ》経《けい》の期間が長いと治療《ちりょう》にも時間がかかる。「生理がないのは普通《ふつう》」と思わないことが大事!

✕ 生理が止まっているのはがんばっている証拠《しょうこ》

✕ 生理がなくなってこそ一流選手!

✕ 競技《きょうぎ》をやめればすぐ生理は戻《もど》るから心配ない

✕ 生理がきたらタイムが遅《おそ》くなる

初経《しょけい》後に月経《げっけい》が止まったことがある

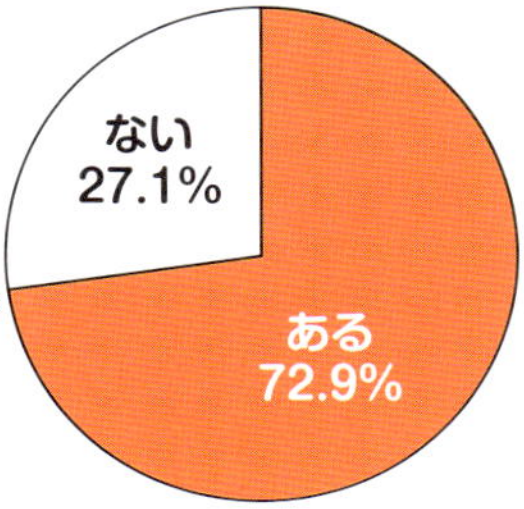

疲労骨折《ひろうこっせつ》をしたことがある

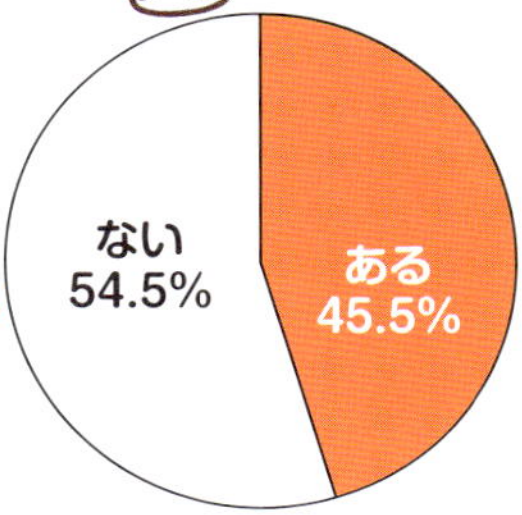

出典：日本人大学女子駅伝ランナー調査《ちょうさ》(女子スポーツ研究センター調べ,2015)

上のグラフは、大学生の女子陸上選手に聞いたアンケート結果。7割《わり》以上の人が生理が止まった経験《けいけん》があり、4割《わり》以上の人が疲労骨折《ひろうこっせつ》したことがあると回答。女子選手にとって、身近な問題といえる。

まとめ　生理がないのは当たり前じゃない！ 将来《しょうらい》赤ちゃんを産めなくなったり、骨《ほね》が弱くなる恐《おそ》れがある。

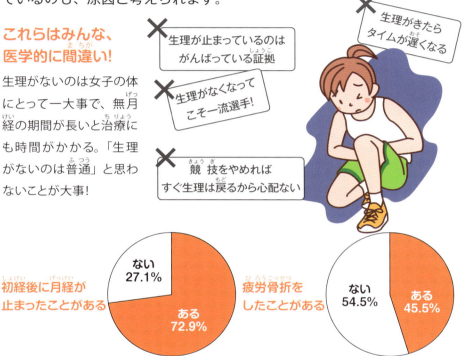

27 生理がこないままだと骨折《こっせつ》しやすい選手生活になる

10代で蓄《たくわ》えた骨《ほね》貯金で一生分の骨《ほね》の強さが決まる

生理がくるのは女性《じょせい》ホルモンが分泌《ぶんぴつ》されるからで、生理が止まると女性《じょせい》ホルモン量も少なくなります。女性《じょせい》ホルモンには、成長に合わせて骨《ほね》を強くする働きがあります。強い骨《ほね》とは中身がギッシリ詰《つ》まった固い骨《ほね》、弱い骨《ほね》は中身がスカスカのもろい骨《ほね》です。ちょっとした衝撃《しょうげき》で骨折《こっせつ》しやすく、練習量が多くなったり、練習強度が高くなると疲労骨折《ひろうこっせつ》したりします。

骨《ほね》の量を増《ふ》やせるのは、10代まで。20歳《さい》を過《す》ぎていくら骨《ほね》にいい栄養を食べても、あとは減《へ》っていくだけです。みなさんは、一生分の骨《ほね》貯金をしなくてはならない、骨《ほね》の健康にとても大切な時期を過《す》ごしています。その時期にエネルギー不足になったり、生理が止まったりしていると、十分な骨《ほね》貯金ができず、一生を通して骨折《こっせつ》しやすくなります。しょっちゅう骨折《こっせつ》して練習を休まなければいけなくなると、選手生命も短くなってしまうのです。

骨《ほね》貯金のチャンスは10代まで

女子の骨量《こつりょう》が最大になるのは20代の手前。それまでにどれだけ骨量《こつりょう》を増《ふ》やせるかで一生分の骨《ほね》の強さが決定。生理が止まると最大骨量《こつりょう》が減《へ》ることになります。

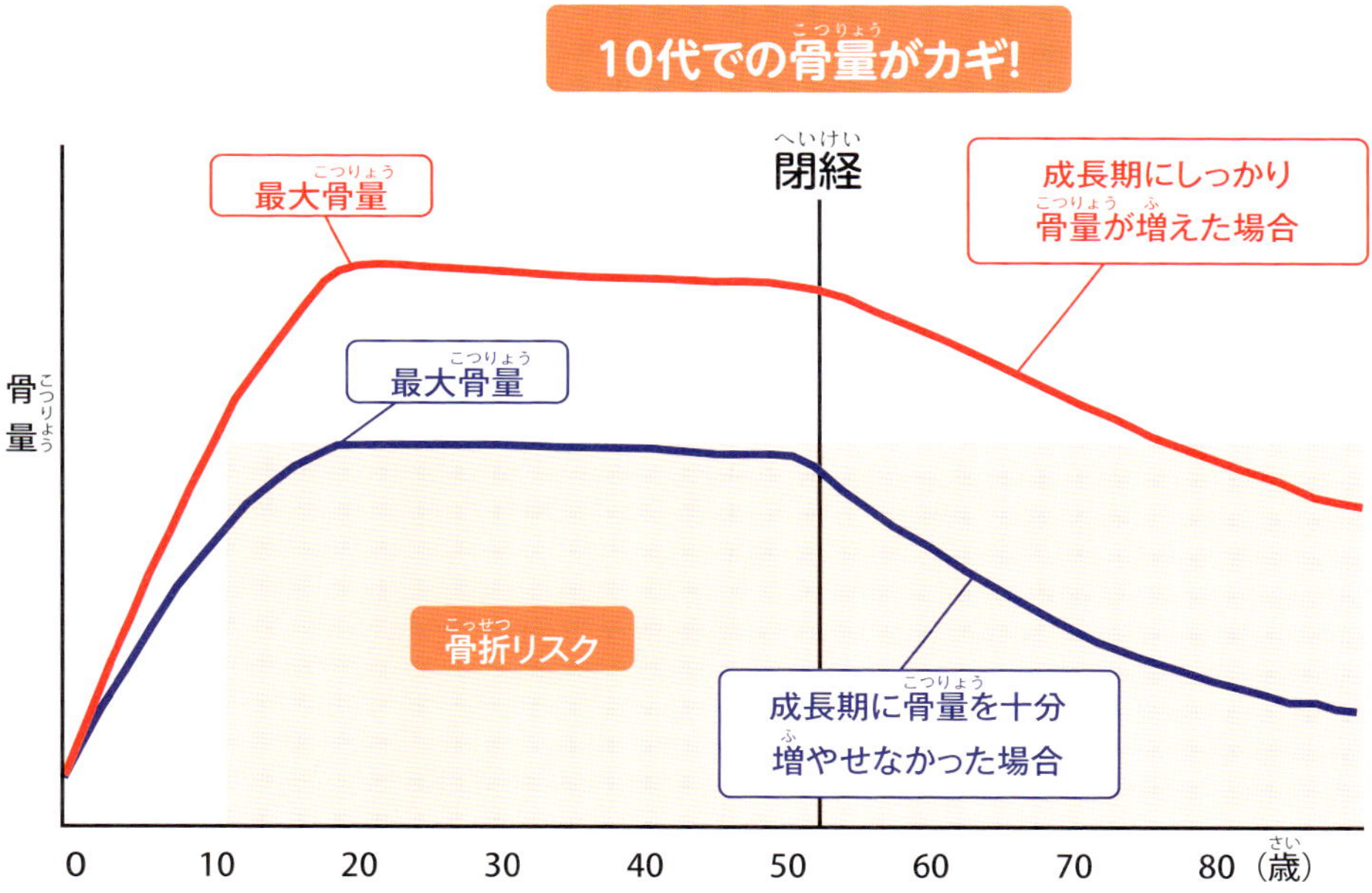

出典：スポーツ女子をささえる人に知ってほしいこと

エネルギー不足や生理がこないために骨量《こつりょう》を十分に増《ふ》やせないと、10代から一生、骨折《こっせつ》しやすい状態《じょうたい》が続くことに。特に50歳《さい》前後で生理がなくなる「閉経《へいけい》」を迎《むか》えると、女性《じょせい》ホルモンが減少《げんしょう》し、骨《ほね》が一気に弱くなる。さらに骨折《こっせつ》しやすい状態《じょうたい》になる。

まとめ　10代は一生分の骨《ほね》貯金をする時期。骨量《こつりょう》を十分増《ふ》やせないと骨折《こっせつ》などケガの多い選手になってしまう。

28

骨《ほね》の健康を守るために4つのことを心がけよう

日光を浴びてビタミンDを増《ふ》やすことも大事！

骨《ほね》の健康を守るためには、４つのことに気をつけましょう。１つ目は、エネルギーが不足しないようにすること。３食をきちんと食べて、足りなければ練習の前後におにぎりやチーズなどの補食《ほしょく》もします。

２つ目は骨《ほね》を強化する栄養素《えいようそ》であるカルシウムを積極的にとること。牛乳《ぎゅうにゅう》や、丸ごと食べられる小魚をたくさんとりましょう。

３つ目は１日15～30分、日光を浴びること。というのも、カルシウムを体に定着させるにはビタミンDという栄養素《えいようそ》が欠かせません。ビタミンDは日光を浴びることで、体でつくられる量が増えるという特性《とくせい》があるからです。

そして４つ目は適度《てきど》に運動することです。骨《ほね》は運動による刺激《しげき》で伸《の》びやすくなります。みなさんには無縁《むえん》の話でしょうが、運動不足も骨《ほね》を弱くする大敵《たいてき》です。

骨《ほね》にいい習慣《しゅうかん》を心がけ、骨《ほね》を強化することが、強い女子選手になるためには大切です。

骨《ほね》を強化するための工夫《くふう》

骨《ほね》を守るには、エネルギーを不足させないことが何より大事。ほかにも、骨《ほね》を強化するためにできる食事や生活の工夫《くふう》があります。心がけていきましょう。

1 エネルギーをきちんととる

エネルギー不足になると、骨《ほね》に栄養素《えいようそ》が届《とど》きません。また、脂肪《しぼう》が減《へ》って生理がこなくなると、さらに骨《ほね》が弱くなることに。3食きちんと食べることが骨《ほね》を守る基本《きほん》です。

2 カルシウムを積極的にとる

骨《ほね》をつくるもとになる栄養素《えいようそ》がカルシウム。牛乳《ぎゅうにゅう》や小魚、チーズや納豆《なっとう》などに豊富《ほうふ》に含《ふく》まれています。毎日とりましょう。

3 1日15〜30分日光を浴びる

日光を浴びると、体の中でビタミンDがたくさんつくられます。ビタミンDはカルシウムを体に吸収《きゅうしゅう》するサポートをします。

4 運動不足にならないよう気をつける

1日1時間程度《ていど》は運動することが大事。ただし、成長期は運動のしすぎもよくないので、痛《いた》みを感じたらおうちの人やコーチに相談を。

まとめ　骨《ほね》の健康のためには、エネルギー不足を避《さ》け、カルシウムをとる。日光を浴びて適度《てきど》に運動することが大事！

29 生理と上手《じょうず》に付き合うために生理周期ごとの特徴《とくちょう》を知ろう

エネルギーと栄養素《えいようそ》不足で生理痛《せいりつう》が重くなることも

みなさんの中には、初経《しょけい》を迎《むか》えて、毎月生理がきている人もいるでしょう。中には、「生理の前になると体が重い」「生理の痛《いた》みがつらくて、競技《きょうぎ》に集中できない」など、生理の悩《なや》みを抱《かか》えている人もいるかもしれません。生理と上手《じょうず》に付き合っていくために、生理には周期があり、それぞれの周期にどんな特徴《とくちょう》があるのかを知っておきましょう。

生理は約1カ月に1回きますが、左の図のように「卵胞《らんぽう》期」「排卵《はいらん》期」「黄体期」「月経《げっけい》期」と、4つのサイクルをくり返しています。おなかや腰《こし》が痛《いた》くなる、吐《は》き気《け》がある、イライラするなどの症状《しょうじょう》が表れやすいのは、「黄体期」と「月経《げっけい》期」。ジュニア向けの痛《いた》み止《ど》め薬もありますので、薬を飲んだり、婦人科を受診することをおうちの人に相談してみましょう。

必要な栄養素《えいようそ》が足りないために、生理痛《せいりつう》がひどくなっていたケースもあります。症状《しょうじょう》が重い人は、食事内容《ないよう》を見直してみましょう。

生理の周期で起きる体調や気分の変化

約1カ月に1回くる生理。生理期間のことを「月経期《げっけいき》」といい、ほかに「卵胞《らんぽう》期」「排卵《はいらん》期」「黄体期」があります。そして、生理周期によって、気持ちや体の状態や、競技《きょうぎ》の調子が変化しやすくなります。

卵胞期《らんぽうき》

生理が終わった後にやってくる期間。体調が安定して、気分も前向きに。競技《きょうぎ》の調子も上向きになりやすいのが特徴《とくちょう》。

排卵期《はいらんき》

おなかが痛《いた》くなったり、眠《ねむ》気《け》や吐《は》き気《け》を感じる人もいる。卵胞《らんぽう》期から切《き》り替《か》わったことに気づかず、絶好《ぜっこう》調《ちょう》のまま迎《むか》える人も。

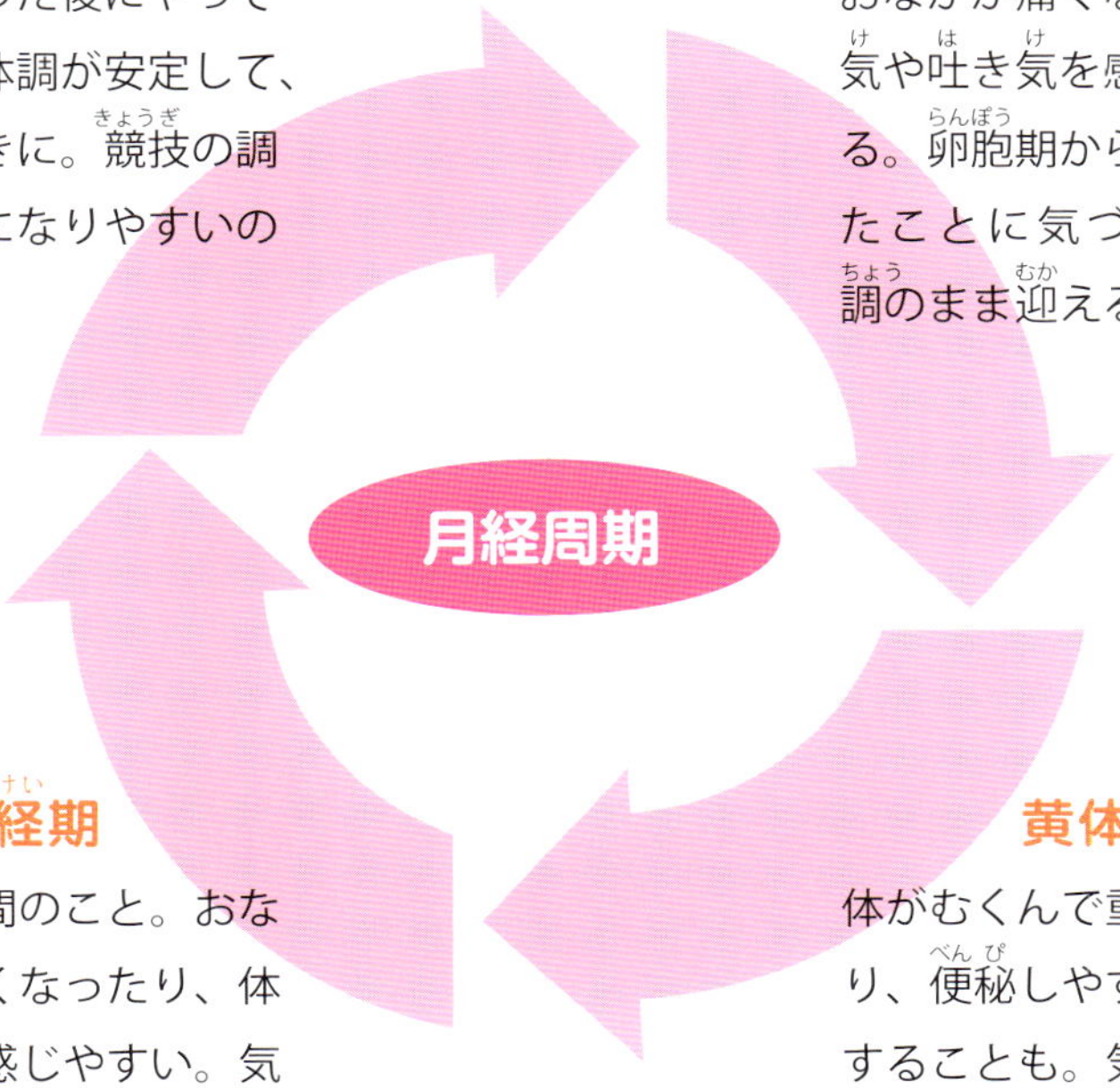

月経期《げっけいき》

生理中の期間のこと。おなかや腰《こし》が痛《いた》くなったり、体がだるいと感じやすい。気持ちも不安定になりやすい期間。

黄体期

体がむくんで重いと感じたり、便秘《べんぴ》しやすくなったりすることも。気持ちがイライラして競技《きょうぎ》に集中できないこともある。

まとめ　生理には4つの期間があり、体調も気分も左右される。痛《いた》みがつらければ薬に頼《たよ》ってもいい。

30

成長期の無理なダイエットは厳禁《げんきん》！

減量《げんりょう》する場合は「無理なく少しずつ」

成長期の女子選手がダイエットをするのはとても危険《きけん》。競技《きょうぎ》で体を絞《しぼ》る必要があるとしても、15歳《さい》までは、身長と体重が順調に増《ふ》えて、初経《しょけい》を迎《むか》えられる状態《じょうたい》にすることを優先《ゆうせん》しましょう。高校生以降《いこう》になったときも、正しいダイエットの知識《ちしき》がないと、「FAT」になる恐《おそ》れがあります。ダイエットするときの注意点を知っておきましょう。

月経《げっけい》がこなくなるほどやせるのは、絶対《ぜったい》にダメ。そのうえで大事なのは、数週間など短期間でやせようとしないことです。というのも、短期間で無理に体重を落とすと、筋肉《きんにく》も落ちやすいからです。半年、1年単位で、計画を立てて体を絞《しぼ》っていきましょう。

食事を抜《ぬ》いてやせるのもいけません。また、炭水化物はとらない、脂質《ししつ》をすべて抜《ぬ》くなど、特定の栄養素《えいようそ》を制限《せいげん》するのも栄養のバランスが悪くなります。「無理のない範囲《はんい》で少しずつ」がダイエットの基本《きほん》と覚えておきましょう。

女子選手がダイエットするときの注意点

世の中には、競技《きょうぎ》をしている女子選手には向いていないダイエット方法がたくさんあります。ケガなく、長く活躍《かつやく》していくためにも、無理なダイエットは避《さ》けましょう。

食事は抜《ぬ》かない

食事を抜《ぬ》けば、エネルギーが足りなくてフラついたり、筋肉《きんにく》が分解《ぶんかい》される恐《おそ》れがある。また、次の食事のエネルギーを必要以上に吸収《きゅうしゅう》し、太りやすい体質《たいしつ》になるのも問題。

本当にダイエットが必要か考える

女子選手にとってのダイエットは、見た目がスリムになることではなく、競《きょう》技《ぎ》の調子を上げるのが目的。長い競技《きょうぎ》人生を考えて、本当にやせる必要があるのか、よく考えよう。

特定の栄養素《えいようそ》を抜《ぬ》かない

「脂質《ししつ》をカットすればやせる」など、特定の栄養《えいよう》素《そ》をとらないダイエット法があるが、エネルギー産生栄養素《えいようそ》（三大栄養《えいよう》素《そ》）はどれも体に大切。完全にカットすると健康を害する恐《おそ》れがある。

半年以上の時間をかけて少しずつやせる

１週間で３kgやせるなど、短期間でやせようとすると、無理な食事制限《せいげん》により筋肉《きんにく》が落ちやすくなる。体重の増減《ぞうげん》に一喜一憂《いっきいちゆう》せず、計画的にダイエットしよう。

体に異変《いへん》が起きたらすぐにやめる

成長期が終わった後でも、女子選手のダイエットには、FATの危険《きけん》がある。生理周期がおかしくなった、疲《つか》れやすいなど異変《いへん》を感じたら、すぐに食事量を戻《もど》すこと。

まとめ 高校生になるまで、ダイエットよりも成長を優先《ゆうせん》する。短期間に、食事制限《せいげん》をしてやせるのは危険《きけん》！

31 女子選手がなりやすくて気づきにくい貧血《ひんけつ》に注意しよう

汗《あせ》や毎月の生理で鉄が失われていく

成長期の女子選手が気をつけたいことには、貧血《ひんけつ》もあります。血液《けつえき》をつくるには「鉄」という栄養素《えいようそ》が必要ですが、成長期の女子選手は、汗《あせ》といっしょに鉄が出ていってしまったり、毎月生理によって鉄が失われてしまいます。成長のためにもたくさんの鉄が使われるため、鉄が不足しやすくなり、鉄が足りなくなると貧血《ひんけつ》になるのです。

貧血《ひんけつ》というと、朝礼のときに突然倒《とつぜんたお》れるなどの症状《しょうじょう》を思《おも》い浮《う》かべるかもしれません。それだけではなく、疲《つか》れやすくなる、少し動いただけで息切れする、朝起きられないなどの症状《しょうじょう》が出ることもあります。また、鉄が不足すると血液《けつえき》がスムーズに回らないため、酸欠《さんけつ》気味になって持久力《じきゅうりょく》が落ちてきます。長距離《ちょうきょり》の選手でタイムが縮《ちぢ》まらなかったり、体操《たいそう》の選手で演技《えんぎ》の後半にバテてしまったりするのは、貧血《ひんけつ》が原因《げんいん》かもしれません。思い当たる人は、おうちの人に相談しましょう。

貧血《ひんけつ》を見落とさない

自分では気づかないまま、貧血《ひんけつ》が進んでいることもあります。「おかしいな」と感じたら、おうちの人やコーチに相談して、場合によっては病院を受診《じゅしん》しましょう。

こんな症状《しょうじょう》がないかチェックしよう

- □ すぐに疲《つか》れてしまう
- □ 練習の疲《つか》れがいつまでも抜《ぬ》けない
- □ 走った後、息切れがおさまらない
- □ 走るタイムが落ちたり、演技《えんぎ》の後半バテてしまう
- □ 朝、起きるのがつらい
- □ 顔色が前よりも黄色っぽい
- □ 爪《つめ》が前より白っぽい
- □ 氷が食べたくて仕方ないときがある
- □ 立ちくらみがある

まとめ　女子選手は貧血《ひんけつ》になりやすい。疲《つか》れやすい、立ちくらみなど、思い当たることがあったらおうちの人に相談を。

32 鉄不足による貧血《ひんけつ》は鉄が多く含《ふく》まれる食べ物で予《よ》防《ぼう》

レバーやまぐろ、ほうれんそうなどを積極的に食べよう

鉄が足りなくて貧血《ひんけつ》になっているとわかったら、鉄を増《ふ》やす薬を飲んで治療《ちりょう》することもあります。場合によっては、長期間練習を休まなくてはならないことも。「貧血《ひんけつ》になったら治療《ちりょう》すればいいや」と考えるのではなく、ならないように予防《よぼう》することが大切です。

鉄の不足を防《ふせ》ぐには、鉄がたくさん含《ふく》まれている食べ物をとることが有効《ゆうこう》。肉のレバーや赤身の魚、あさりやしじみなどの貝類、ほうれんそうや納豆《なっとう》などがおすすめです。

そして、鉄は体に吸収《きゅうしゅう》されにくい栄養素《えいようそ》でもあります。肉や魚などに多く含《ふく》まれるたんぱく質《しつ》や、果物《くだもの》に多いビタミンCをいっしょにとると、鉄の吸収率《きゅうしゅうりつ》が高くなります。

鉄不足による貧血《ひんけつ》は自覚症状《しょうじょう》がないので、病院での治療《ちりょう》がめんどうになり自己判断で通院をやめてしまう人も。一流選手を目指すなら、定期的に通院して、貧血《ひんけつ》が改善《かいぜん》しているか確認《かくにん》することも大切です。

貧血《ひんけつ》を防《ふせ》ぐ食べ物

鉄が多く含《ふく》まれている食べ物を積極的にとり、鉄不足による貧血《ひんけつ》を予《よ》防《ぼう》しましょう。鉄の吸収率《きゅうしゅうりつ》を高めてくれるたんぱく質《しつ》やビタミンCをいっしょにとるのがおすすめです。

鉄を多く含《ふく》む食べ物

- レバー
- まぐろ
- あさり
- しじみ
- 小松菜
- ほうれんそう　など

＋

鉄の吸収率《きゅうしゅうりつ》を高める栄養素《えいようそ》

ビタミンC

- みかんなどの柑橘類《かんきつるい》
- いちご
- ブロッコリー　など

たんぱく質《しつ》

- 肉
- 魚
- 乳製品《にゅうせいひん》　など

まとめ　鉄不足による貧血《ひんけつ》は、ならないように予防《よぼう》することが大事。鉄が多く含《ふく》まれる食べ物を積極的にとる。

33 生理や体についての心配事《ごと》はおうちの人や保《ほ》健《けん》室の先生に相談しよう

不調のかげに病気がかくれていることもある

「生理がくる年齢《ねんれい》なのに、まだこない」「3カ月以上、生理が止まっている」「生理のときにおなかが痛《いた》くて練習がつらい」「疲《つか》れやすくて、貧血《ひんけつ》かもしれない」…など。この章で気をつけようとお伝えしてきた症状《しょうじょう》に、思い当たることはありませんか。人によっては、「友だちよりも早く胸《むね》がふくらみ始めた」など、成長の早さに悩《なや》んでいるかもしれません。

これらは、はずかしいことでも、がまんすることでもありません。もしかすると、病気がかくれている可能性《かのうせい》もあります。思い当たることがあったら、おうちの人や保健《ほけん》室の先生などに相談しましょう。練習メニューを変える、薬に頼《たよ》る、食事の内容《ないよう》を見直すなど、つらさを軽減《けいげん》できる工夫《くふう》はたくさんあります。

ちなみに、女子ならではの体の心配事《ごと》で病院に行く場合、婦人科《ふじんか》のお医者さんが相談にのってくれます。必要であれば、おうちの人といっしょに受診《じゅしん》してみましょう。

体の悩《なや》みは、ひとりで抱《かか》え込《こ》まない!

生理や胸《むね》のふくらみなど、女子ならではの悩《なや》み事《ごと》。病気でないか調べたり、うまく乗り切るための対策《たいさく》を練ることが大事。がまんせず、まわりの大人《おとな》に相談しましょう。

こんな心配があったら まわりの大人《おとな》に話してみよう

15歳《さい》になるのに
生理がこない
練習の疲《つか》れがなかなか
抜《ぬ》けない
生理のときおなかが
痛《いた》くてつらい
試合と生理が
重なってしまう
低学年で胸《むね》が
ふくらみはじめた
生理痛《せいりつう》の薬を飲んでも
効《き》かない
3カ月以上
生理が止まっている
生理の
出血量が多い

まとめ 生理や成長にまつわる心配事《ごと》は病気の可能性《かのうせい》もある。きちんと調べて対策《たいさく》を考えるためにも、まわりの大人《おとな》に相談する。

コラム

無茶なダイエットは心が病気になることもある

食事を抜《ぬ》くなどの無茶なダイエットをすると、心の健康も損《そこ》なってしまう恐《おそ》れがあります。「体重が増《ふ》えるのが怖《こわ》い」「食べるのが怖《こわ》い」という気持ちが強くなったり、やせているのに「自分はもっとやせないとダメだ」と思《おも》い込《こ》んでしまうのです。あるいは、食べ物のことにとらわれすぎて、一日中食べ物のことを考えている場合もあります。ちょっとしたことでイライラしたり気持ちが高ぶったり、気持ちが不安定になりやすく、競技《きょうぎ》を続けることがつらいと感じてしまう人もいます。

競技《きょうぎ》のパフォーマンスを上げるための体重コントロールだったはずが、やせることそのものが目標になり、競技《きょうぎ》が続けられない体になっては意味がありません。将来《しょうらい》ダイエットをするときには、体に無理なく取り組める方法を選んでください。

第4章

練習をしすぎるとパフォーマンスが落ちる!

練習をがんばりすぎるために、強くなれなかったり、ケガをしてしまうこともあります。練習しすぎていないか、見直してみましょう。

強くなるためには練習だけじゃダメだった!?

アスミの場合

週にどのくらい練習しているの？
放課後は毎日3時間土曜は一日中です
あと早起きして筋《きん》トレとかジョギングも
今朝《けさ》も5㎞走りました
そんなに!!
足りないくらいです
じゃぁもう行くので
ちょっと待って！
ビク
きのう試合中にバテちゃったのは疲《つか》れが残っているのかも
疲《つか》れが残る？
はぁ？
アスミさんがきのう勝てなかった原因《げんいん》は…

ズバリ練習のしすぎです!
ズバッ
練習すればするほどうまくなるに決まっているじゃないですか
私《わたし》冗談《じょうだん》に付き合ってられません
超《ちょう》回《かい》復《ふく》を知らない?
運動して傷《きず》ついた筋肉《きんにく》は休ませることで前より強くなるの
Z
ずっと使っていると回復《かいふく》できないでしょ?
休まないと強くなれないってことですか?
ビックリ
ベストコンディションをつくるには運動栄養休息のバランスをとることが大事なの
運動
ベストコンデション
休息
栄養
どうやったらバランスがとれているか崩《くず》れているかわかるんですか?

バランスが崩《くず》れると…
朝
起きるのがつらかったり
起きたくないー
練習後
夕ごはんを食べながら寝《ね》てしまったり
ボー
授業《じゅぎょう》に集中できなかったり
つかれたー
トボトボ
練習の疲《つか》れが取れにくかったり
ピキー
足がつりやすくなったり
全部思い当たります
強くなるにはサボったほうがいいってことですか?
バランスが崩《くず》れているなら休むべきね
寝《ね》る時間を削《けず》って練習してケガをしやすい選手になるのはもったいないよね
ハイ
運動
栄養
休息のバランスのとり方を知りたいです!
もちろんよ

34

競技《きょうぎ》の調子を保《たも》つには、「運動」「栄養」「休息」をバランスよくとることが大事

練習しすぎるとコンディションは落ちていく

みなさんは「練習を休んだら弱くなる」と信じていませんか？　強くなるには、休むことも大切です。というのも、調子を整えるには、「運動（トレーニングすること）」「栄養（食事をきちんと食べること）」「休息（休んで疲《つか》れをとること）」のバランスをとることが必要だからです。たとえば、練習の後にいつまでも疲《つか》れが抜《ぬ》けないなら、トレーニング量が多すぎるのかもしれません。あるいは、食べる量か、休む時間が少なすぎるのかもしれません。その場合、練習量を減《へ》らすか、食べる量や休憩《きゅうけい》時間を増《ふ》やさなければ調子は上がりません。日本のジュニアスポーツは、世界と比《くら》べ、練習量が多すぎるといわれています。それは「休む＝悪いこと」という考えが強いからだと思います。もしあなたが毎日、練習やトレーニングにはげんでいるなら、強くなるためには休むことも大事と、まずは考え方を変えてみましょう。

調子を上げるために必要な3つのこと

練習をがんばるだけでは、強い女子選手になれません。運動したら、エネルギーが不足しないよう食事をきちんととり、よく寝《ね》て疲《つか》れをとる。この3つのバランスをとることが大事です。

運動（トレーニングすること）

練習や筋力《きんりょく》トレーニングなしにうまくはなれない。ただし、やりすぎるとかえって調子が悪くなる原因《げんいん》に。

ベストコンディション

3つのバランスがうまくとれると、競技《きょうぎ》の調子も上がりやすくなる。

休息（休んで疲《つか》れをとること）

睡眠《すいみん》不足は上達の敵《てき》。トレーニングの疲《つか》れが翌日《よくじつ》まで残らないよう、毎日きちんと眠《ねむ》ることが大切!

栄養（食事をきちんととること）

エネルギーが足りないと、思うように体が動かないことも。特に成長期のエネルギー不足には注意が必要。

まとめ　競技《きょうぎ》の調子を上げるために必要なのは、練習だけじゃない。栄養をとったり休むことも大事！

35 「運動」「栄養」「休息」のバランスが崩《くず》れているサインを見逃《みのが》さない

「疲《つか》れ」は体が発信しているSOS！

「運動」「栄養」「休息」のバランスがとれているのか、確認《かくにん》するのは難《むずか》しいですね。このバランスが崩《くず》れてくると、体からSOSが発信されます。その一つが「疲《つか》れ」。練習の後、グッタリしてしまう、練習帰りの車でいつも眠《ねむ》り込《こ》んでしまう、朝眠《ねむ》くて起きるのがつらいなどは、運動量が多すぎるか、休息が少なすぎるサインです。あるいは、栄養が足りていないのかもしれません。栄養やエネルギーが不足すると、体重が減《へ》ることもあります。

疲《つか》れは筋肉《きんにく》にもたまります。いつも筋肉痛《きんにくつう》が残っているなど、「おかしいな」という感覚や痛《いた》みがあるなら注意。ケガにつながる恐《おそ》れもあります。がんばりすぎると、気持ちも折れてしまいます。大好きだった競技《きょうぎ》なのに、「練習に行きたくない」と嫌《きら》いになってしまうことも。

しっかりと休みながら、楽しく競技《きょうぎ》を続けていきましょう。

バランスが崩《くず》れると起きやすい体と心の変化

練習量が多すぎたり、睡眠《すいみん》不足や食事量が足りないなどすると、体や気持ちに変化が起きます。変化に気づいたら、練習を休んだり、睡眠《すいみん》時間を増《ふ》やしたりすることが大切です。

まとめ　調子を上げるために必要な3つの要素《ようそ》のバランスが崩《くず》れると疲《つか》れや痛《いた》みが出る。無理をせず、休むことを考えよう。

36 女子選手が1週間に運動していい時間の目安は年齢《ねんれい》×1時間以下

10歳《さい》なら週に10時間以下、12歳《さい》なら12時間以下が目安

みなさんにとって、ちょうどいい運動量はどのくらいなのか。その目安となる数値《すうち》を、全米アスレティックトレーナーズ協会という団体《だんたい》が発表しています。それによると、「週の合計練習時間は年齢《ねんれい》よりも少なくする」「最低でも週に2回の休養日を設《もう》ける」ことが挙げられています。

これは、10歳《さい》であれば、週に10時間以上練習してはダメということ。たとえば火曜～金曜に2時間ずつ練習しているなら、平日の合計が8時間ですから、週末の練習時間は2時間まで。練習試合で1日運動したり、練習のない日に自主練やトレーニングをすれば、練習のやりすぎです。

また、週に2日は休むことも推奨《すいしょう》されていますから、競技《きょうぎ》から離《はな》れる日をつくることも大切。「週の練習時間が年齢《ねんれい》を超《こ》えている」「休みの日がない」という人は、まず週に2日、休むことを目標にしましょう。

年齢《ねんれい》×1時間以上は練習しない

年齢《ねんれい》×1時間が1週間の練習量の目安です。人によっては小食で摂取《せっしゅ》できるエネルギーが少ないことも。その場合は、さらに練習量を減《へ》らす必要があるので注意しましょう。

10歳《さい》の場合の練習時間目安

火曜から金曜の放課後に毎日２時間ずつ練習していたら、平日の練習時間は合計８時間。週末に練習していい時間の上限《じょうげん》は２時間なので、それを超《こ》えたら練習のしすぎ。10時間を超《こ》えないように休む日をつくらないと、不調になる危険《きけん》がある。

まとめ　年齢《ねんれい》×1時間が週に練習していい時間の上限《じょうげん》。個人差《こじんさ》があるのでそれ以下でも疲《つか》れがたまるようなら練習量を減《へ》らそう。

37 しっかり休んだほうが強くなれる「超回復《ちょうかいふく》」の仕組みを知ろう

休んで栄養をとらないと練習の成果が出ない！

筋力《きんりょく》を高めるためにも、休みの日が必要です。というのも、筋力《きんりょく》は「超回復《ちょうかいふく》」という仕組みで、休んでいる間に強くなるからです。

練習やトレーニングをすると、とても疲《つか》れます。疲《つか》れているとき、筋力《きんりょく》は落ちています。そこでしっかり栄養をとり、ゆっくり眠《ねむ》って休むことで、筋力《きんりょく》は前よりも高いレベルへと復活《ふっかつ》します。それが「超回復《ちょうかいふく》」。練習して疲《つか》れているのに、翌朝《よくあさ》も朝練があるからと眠《ねむ》い目をこすりながら無理やり起きたり、栄養が十分とれていなければ、超回復《ちょうかいふく》できません。

特に成長期に練習しすぎるのは危険《きけん》。成長期は、生きるため、生活のため、成長のためにエネルギーが使われます。食べたエネルギーからこの3つを引いて残った分だけが、運動のために使っていいエネルギーです。超回復《ちょうかいふく》するだけのエネルギーが残っていなければ、運動しても筋力《きんりょく》は上がりません。練習量を減《へ》らすほうが強くなれるのです。

休むことで強くなれる「超回復《ちょうかいふく》」とは

筋力《きんりょく》は回復《かいふく》するときにレベルアップします。それを知らないと、練習をたくさんしたほうが強くなれると思《おも》い込《こ》み、超回復《ちょうかいふく》のチャンスを逃《のが》すことに。休んで強くなりましょう。

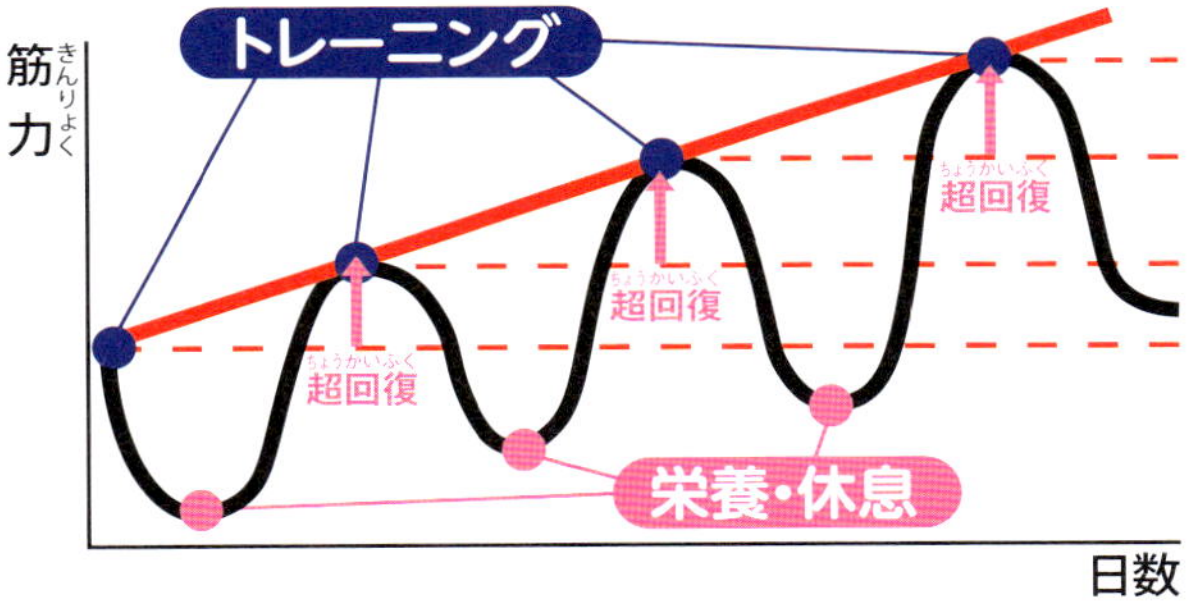

しっかり休んで栄養をとった場合

トレーニングの疲《つか》れで一時的に筋力《きんりょく》は落ちる。そこでしっかり休んで栄養をとることで、前より高いレベルに筋力《きんりょく》アップする。これをくり返すことで強い選手になれる。

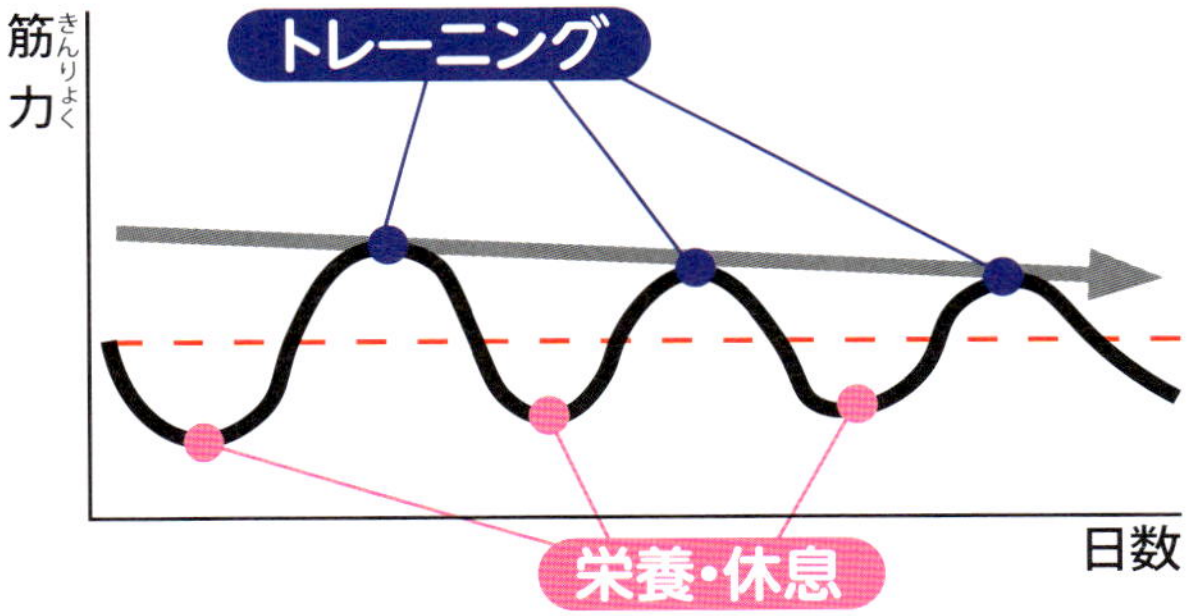

休みも栄養も足りない場合

しっかり休めなかったり、食事量が少ないと、トレーニングの疲《つか》れから回復《かいふく》できない。超回復《ちょうかいふく》できないと、練習をがんばっているのに競技《きょうぎ》レベルが落ちていってしまう。

まとめ　筋力《きんりょく》は練習だけではなく、休んで食べることで上がっていく。特に成長期は、運動しすぎに注意が必要。

38

成長期の栄養補給《ほきゅう》は食事が基本《きほん》！サプリメントに頼るのはやめよう

食事でエネルギー補給《ほきゅう》が不足するなら運動量を減《へ》らす

使うエネルギー量が、摂取《せっしゅ》するエネルギー量を超《こ》えると、疲《つか》れやすくケガをしやすい体になります。ですから、食べられる分量に合わせて練習量を抑《おさ》えることが大事です。こういったアドバイスをすると、「サプリメントを飲んで栄養補給《ほきゅう》すれば、運動量を減《へ》らさなくてもいい？」と聞かれることがあります。

サプリメントとは、特定の栄養成分をギュッと濃縮《のうしゅく》した錠剤《じょうざい》やカプセルなどのことです。大人《おとな》になって、食事で不足している栄《えい》養素《ようそ》をサプリメントでとる、という使い方はよいでしょう。しかし、成長期の栄養補給《ほきゅう》は、食事や補食《ほしょく》でするのが基本《きほん》。たとえば牛乳《ぎゅうにゅう》にはたんぱく質《しつ》もカルシウムも含《ふく》まれているというように、一つの食材にはさまざまな栄養《えいよう》素《そ》が入っています。食事でエネルギーをとるほうが栄養バランスが整いやすいのです。サプリメントで補《おぎな》わなくては疲《つか》れて運動できないなら、やはり運動量を減《へ》らすべきです。

サプリメントは本当に必要なときだけ頼《たよ》る

「エネルギー不足を補《おぎな》う」「背《せ》が高くなる」など、さまざまなサプリメントがありますが、成長期の女子選手がむやみにとるのは危険《きけん》。本当に必要かをよく考えましょう。

サプリメントの注意点

- 特定の栄養素《えいようそ》を摂取《せっしゅ》できるが、その栄養素《えいようそ》が不足しているとは限《かぎ》らない。必要以上にとりすぎてしまうことも。
- サプリメントの中には、有効《ゆうこう》成分が十分に入っていなかったり、成長期の体には害があるものもある。
- ドーピングで禁止《きんし》されている成分が入っていることもある。

取り入れるときは…

- 医師《いし》やスポーツドクターなど、専門家《せんもんか》に相談のうえ、必要と判断《はんだん》されたときだけ飲む。
- 日本国内の、信頼《しんらい》できる会社が作っているものを選ぶこと。
- 成分表を確認《かくにん》。「アンチ・ドーピング認証《にんしょう》プログラム」で認証《にんしょう》されている製品《せいひん》を選ぶ。
- 効果《こうか》を感じられない、あるいは体調に異変《いへん》があったらすぐに使用をやめる。

まとめ　成長期は食事でエネルギーをとる！
気軽にサプリメントを飲まない。

39 小中学生のうちから一つの競技《きょうぎ》だけをがんばりすぎると、ケガのリスクが高まる

ほかの競技《きょうぎ》をすることで強化できる技術《ぎじゅつ》もある

小中学生から一つの競技《きょうぎ》をがんばりすぎると、ケガをしやすいという報告《ほうこく》があります。競技《きょうぎ》にはそれぞれ、「ボールを遠くへ投げる」「高くジャンプする」など、よくくり返す動きがありますね。その動きのために使う、筋《きん》肉《にく》や骨《ほね》、関節を痛《いた》めやすくなるのです。

小さいうちから強い選手になったほうが、将来活躍《しょうらいかつやく》できると思いがちですが、実はそうでもありません。途中《とちゅう》でほかの選手に抜《ぬ》かれたり、競技《きょうぎ》をやめてしまう選手も多くいます。また、活躍《かつやく》している選手たちの経歴《けいれき》を見ると、子どもの頃《ころ》は目立った成績《せいせき》を残していなかったり、別の競技《きょうぎ》をしていた人も多いのです。

ケガを防《ふせ》ぐためにも、小中学生のうちはいろいろな競技《きょうぎ》に挑戦《ちょうせん》して、体をまんべんなく鍛《きた》えるのがいいというのが、世界のスポーツ界では主流の考え方。別の競技《きょうぎ》をすることで、足腰《あしこし》の強さやバランス感覚など、全身の技能《ぎのう》が高まることも期待できます。

小中学生のうちにさまざまな競技《きょうぎ》をする利点

小中学生のうちにいくつかの競技《きょうぎ》に挑戦《ちょうせん》してみることで、ケガを防《ふせ》いだり、パフォーマンスを高めることができるといわれています。

ケガを予防《よぼう》できる

練習をしすぎて「運動」「栄養」「休息」のバランスが崩《くず》れるリスクを防《ふせ》ぎやすい

バランス能力《のうりょく》、瞬発力《しゅんぱつりょく》など、さまざまな能力《のうりょく》が身につく

まとめ　小中学生のうちは、さまざまなスポーツに触《ふ》れてみるのもおすすめ。ケガを防《ふせ》げる、パフォーマンスが上がるなどの利点がある。

40 小中学生のうちは強くなることよりもしっかり食べて寝《ね》て成長することが大事

一つの競技《きょうぎ》に打《う》ち込《こ》むのは成長期の後という考え方も

練習を休みたくない人の中には、「将来《しょうらい》はプロになりたい」「オリンピックに出たい」と思っている人も多いのではないでしょうか。だから、人よりもたくさん練習して強くなりたいと考える気持ちもわかります。

小学生のときから必死に練習して、世界で活躍《かつやく》する選手になった人もいます。その反面、小さいうちからがんばりすぎたために、ケガをしたり、FATに陥《おちい》って成長に支障《ししょう》が出ている人も大勢《おおぜい》います。

小学生のうちは、楽しみながらさまざまな競技《きょうぎ》に触《ふ》れて、運動の基礎《きそ》をつくる時期。しっかり食べて寝《ね》て、十分に成長することが最優《さいゆう》先《せん》。一つの競技《きょうぎ》に打《う》ち込《こ》んだり、その競技《きょうぎ》に適《てき》した体づくりを考えるのは、初経《しょけい》を迎《むか》えて成長期が終わってからでもよいのでは、というのが、栄養面からみた成長期の競技《きょうぎ》との向き合い方です。適度《てきど》に休み、楽しみながら、長く競技《きょうぎ》を続けていきましょう。

年齢《ねんれい》に合わせた競技《きょうぎ》への向き合い方

ハードな練習や、体づくりのダイエットなど、小中学生のうちからがんばりすぎると、ケガをしたり競技《きょうぎ》をイヤになってしまうことも。適度《てきど》に休みながら、強い選手を目指しましょう。

小学生まで

競技《きょうぎ》に取り組むのは週に年齢《ねんれい》×１時間まで。自分に何が向いているのかを探《さが》しながら、さまざまな競技《きょうぎ》に触《ふ》れるのがおすすめ。しっかり食べて寝《ね》ることを最優先《さいゆうせん》に。

中学生になったら

成長期でたくさんエネルギーを使う時期。練習のしすぎや、食事量の不足などでエネルギー不足にならないよう気をつけながら、競技《きょうぎ》を楽しもう。

高校生以降《いこう》は

初経《しょけい》を迎《むか》え成長期も終わる。女子選手にFATの問題はつきものなので、生理がこないなどのトラブルに注意しながら、練習やトレーニングに取り組もう。

まとめ　小中学生にとって一番大事なのはしっかり成長すること。よく食べて寝《ね》て、高校生以降《いこう》、大活躍《だいかつやく》できる基礎《きそ》をつくる。

コラム

暑い日の練習は熱中症《ねっちゅうしょう》に気をつけよう

夏のトレーニングは熱中症《ねっちゅうしょう》の危険《きけん》がつきまといます。熱中症《ねっちゅうしょう》とは、気温や湿度《しつど》が高くなったときに、体温の調整機能《きのう》が働かなくなってしまう状態《じょうたい》のこと。立ちくらみや筋肉痛《きんにくつう》、頭痛《ずつう》やめまいなどの症状《しょうじょう》があり、重症《じゅうしょう》になると命に関《かか》わります。屋外だけでなく、体育館の中で熱中症《ねっちゅうしょう》になることもあるので要注意。女子選手は男子選手に比《くら》べると筋肉《きんにく》量が少なく体内にためられる水分量も少ないため、熱中症《ねっちゅうしょう》には、より気をつけなくてはなりません。

予防《よぼう》には、前もって水分をとることが大事。のどがかわいたと感じたときには、体はすでに脱水《だっすい》していることも。練習を始める前に水分をとり、練習中もこまめに水分補給《ほきゅう》をしましょう。また、暑い日の練習中「体調がおかしい」と感じたらがまんせず、涼《すず》しい場所で休むようにしましょう。

第5章

女子選手が気になる「こんなときどうする?」Q&A

「朝ごはんが食べられない」「好《す》き嫌《きら》いが多い」「お菓子《かし》がやめられない」など、女子選手からよく聞かれる疑問《ぎもん》をまとめました。

Q&A 1

Q 質問

朝ごはんは食欲《しょくよく》がなくて食べられません。絶対《ぜったい》に食べなきゃダメ？

A 回答

お水を1杯《ぱい》飲むことから、始めてみましょう

朝ごはんを用意してもらっても、食欲《しょくよく》がわかないという人もいるでしょう。朝食をとらないと、体内でエネルギーが不足する時間が長くなり、筋肉《きんにく》が分解《ぶんかい》されてしまいます。また、昼食や夕食で必要以上にエネルギーを吸《きゅう》収《しゅう》し、太りやすくなってしまうこともあります。少しずつでも朝食をとる習慣《しゅうかん》をつけていきましょう。

おすすめは、まず水を1杯《ぱい》飲んでみること。水に慣《な》れたら、牛乳《ぎゅうにゅう》や果汁《かじゅう》100％のジュース、スープなど、少しずつカロリーのあるものに。そしてヨーグルトや果物《くだもの》、おにぎりというように、エネルギーの高いものを食べられるようステップアップを目指します。

それと同時に「練習量が多すぎて体に負担《ふたん》がかかっていないか」「夕ごはんの時間が遅《おそ》くて、朝おなかがすかないのかも」など、朝食を食べられない原因《げんいん》を考え、見直していきましょう。

Q&A 2

Q 質問

好《す》き嫌《きら》いが多くて食べられないものがあります…

A 回答

代わりにその栄養素《えいようそ》がとれる食べ物を調べてみましょう

苦手な食べ物は誰《だれ》にでもあるでしょう。まずは、その食べ物にはどんな栄養素《えいようそ》が含《ふく》まれているのか調べてみましょう。そして、その栄養素《えいようそ》を多く含《ふく》む別の食べ物を食べられるようなら、どうしても苦手なものを克服《こくふく》しなくても大丈夫《だいじょうぶ》です。

とはいえ、「肉はいっさい食べたくない」「野菜は全部きらい」など、極端《きょくたん》に食べられるものが少ないのは問題です。自分は女子選手としてどんな体を目指し、どういう練習をこなせる体力をつけたいのか。そのためにどの栄《えい》養《よう》素《そ》をとる必要があるのか。栄養の勉強を深めると、「味は嫌《きら》いでも強くなるために必要なら食べてみよう」という気持ちになるかもしれません。

小さく細切れにしてもらう、カレー味にするなど、調理法や味つけを変えると苦手を克《こく》服《ふく》できることもあります。ぜひトライしてみてください。

Q&A 3

Q 質問

サラダとスープでおなかがいっぱいになってしまいます

A 回答

主食と主菜を先に食べ、サラダとスープは後回しでOK

食が細い女子選手の場合、野菜や汁《しる》ものを食べると満腹《まんぷく》になってしまう人もいるでしょう。もちろん、5大栄養素《えいようそ》をバランスよく食べるのが理想ですが、成長期の女子選手にとって、摂取《せっしゅ》しなくてはならない栄養の中で、野菜の優先《ゆうせん》順位は高くありません。

大事なのは、筋肉《きんにく》のもとになるたんぱく質《しつ》と、エネルギーのもとになる炭水化物、脂質《ししつ》の3つです。この3つの栄養素《えいようそ》が不足するぐらいなら、野菜は無理に食べなくてもOKです。

先にサラダやスープを食べ終えてから、おかずやごはんを食べるのはやめましょう。30ページでお伝えした通り、食が細い人は1種類ずつ食べていく「ばっかり食べ」ではなく、メニュー全部をまんべんなく食べることを心がけます。中でも、主食とメインのおかずを中心に食べることで、栄養不足を防《ふせ》いでいきましょう。

Q&A 4

Q 質問

大事な試合の前の日、どんな食事をするといいですか？

A 回答

普段《ふだん》食《た》べ慣《な》れている、消化のいいものを選びましょう

「試合に勝てるようにトンカツだ！」とか、「焼肉でスタミナをつける」などと、試合前日に揚《あ》げ物《もの》や脂《あぶら》っこい食事は、おすすめできません。これらは消化しにくいので、緊張《きんちょう》している状態《じょうたい》で食べると、胃もたれや消化不良を起こす恐《おそ》れがあるからです。

辛《から》いものや、生ものも、胃腸の調子を悪くする恐《おそ》れがあるので、試合の前日は避《さ》けたほうがいいでしょう。

食べたいのは、ごはんやうどん、焼き魚、みそ汁《しる》など、日ごろ食《た》べ慣《な》れているものです。緊張《きんちょう》してうまく食べられそうもなければ、うどんをよく煮込《にこ》むなど、柔《やわ》らかく、食べやすくする工夫《くふう》をおうちの人にお願いしてみるとよいでしょう。

消化を助けるために、いつも以上によくかむことが肝心《かんじん》。寝《ね》る直前に食べると寝《ね》つきが悪くなるので、寝《ね》る2時間前までに食事を済《す》ませ、ぐっすり眠《ねむ》るようにしましょう。

Q&A 5

Q 質問

試合当日の食事のコツを知りたいです

A 回答

補食《ほしょく》を活用して、エネルギー切れを防《ふせ》ぎます

食べた直後に動くと体が重かったり、わき腹《ばら》に痛《いた》みを感じたりしやすいもの。かといって、エネルギーが切れてしまっては、バテて動けません。「エネルギーは満タンで胃はスッキリ」という状態《じょうたい》で試合に臨《のぞ》めるように調整しましょう。

そのためには、試合が始まる3～4時間前までに食事をします。このとき食べるのは、おにぎりやうどんなど、消化がいいものを中心にした、いつもの食事です。

そして試合が始まる1時間前ぐらいにバナナやエネルギーゼリーなど、消化のいいエネルギー源《げん》になるものを追加で食べるようにします。

試合中は、スポーツドリンクで水分補給《ほきゅう》すると、汗《あせ》で失った栄養素《えいようそ》も補給《ほきゅう》できます。試合が長時間にわたりエネルギーが足りなくなるようなら、休憩《きゅうけい》時間にエネルギーゼリーをとってもいいでしょう。

Q&A 6

Q 質問

どうしてもお菓子《かし》をやめられません

A 回答

食事が足りているか見直してみて

女子選手の体をつくる材料として、お菓子《かし》はふさわしくありません。なぜなら、たんぱく質《しつ》やビタミン、ミネラルなどの栄養素《えいようそ》をほとんどとることができないからです。つい甘《あま》いお菓子《かし》に手が伸《の》びる人は、栄養が不足しているおそれもあります。特に肉や魚などのたんぱく質《しつ》が足りないと、「小腹《こばら》がすいた」と感じやすくなるので、メインのおかずをしっかり食べましょう。

ちなみに甘《あま》いお菓子《かし》を食べると、ビタミンB_1という炭水化物をエネルギーに変えるのに必要な栄養素《えいようそ》をたくさん使うことになります。そして、ビタミンB_1が不足すると、摂取《せっしゅ》した炭水化物をエネルギーに変えられなくなるので、エネルギー不足で疲《つか》れやすくなってしまうのです。

バテにくく、集中力が続きやすい体をつくるためにも、甘《あま》いお菓子《かし》はほどほどに。食事に影響《えいきょう》しない範囲《はんい》にとどめましょう。

Q&A 7

Q 質問

水は1日にどのぐらい飲んだらいい？

A 回答

1日1・5〜2ℓを少しずつ飲みましょう

みなさんの体の約70％は水でできています。そのため、水分が不足すると血液《けつえき》がうまく回らなくなって疲《つか》れやすくなったり、便秘《べんぴ》になったりするなど、さまざまな不調が起きます。

1日に必要は水分の量は2・5ℓ。そのうち食事から摂取《せっしゅ》できる1ℓを引いた1・5ℓを、水分として摂取《せっしゅ》するようにしましょう。

さらに練習で汗《あせ》をかけばそのぶんの水分補《ほ》給《きゅう》も必要です。1日1・5〜2ℓを目安に水分をとりましょう。

水の飲み方は少しずつが基本《きほん》。一気にガブ飲みすると体に吸収《きゅうしゅう》できず、尿《にょう》として出ていってしまうからです。学校にいる間は休み時間ごとに2〜3口ずつ飲み、練習中は500㎖の水やスポーツドリンクを1〜2本、ちょこちょこ飲むようにします。

お風呂《ふろ》の前後や寝《ね》る前もコップ1杯《ぱい》水を飲み、常《つね》に体のすみずみまで、水分を行きわたらせましょう。

Q&A 8

Q 質問

インスタントラーメンが大好きです

A 回答

日常的《にちじょうてき》に食べるのはやめましょう

インスタントラーメンは手軽に空腹《くうふく》を満たせる便利な食べ物ですが、女子選手にとっての栄養補給《ほきゅう》という点では、好ましくありません。それはたんぱく質《しつ》やビタミン、ミネラルをほとんどとれないにもかかわらず、食事として満足しやすいからです。

また、インスタントラーメンの麺《めん》は、油で揚《あ》げられているものが多く、揚《あ》げてから時間がたったものは、体の細胞《さいぼう》を傷《きず》つけやすいという特性《とくせい》があります。

また、インスタントラーメンには「リン」という栄養素《えいようそ》が含《ふく》まれていますが、リンはとりすぎると、カルシウムの吸収《きゅうしゅう》を邪魔《じゃま》します。骨《ほね》を強化するために大事なカルシウムが、インスタントラーメンを食べることで吸収《きゅうしゅう》されにくくなってしまうのです。インスタントラーメンは常食《じょうしょく》にせず、たまに食べる程度《ていど》に。食べるときは野菜や卵《たまご》をのせるなど、トッピングで栄養価《えいようか》を高める工夫《くふう》をしましょう。

Q&A 9

Q 質問

生理が重くてつらいです。食事で改善《かいぜん》できない？

A 回答

女性《じょせい》ホルモンの働きを助ける栄養素《えいようそ》をとりましょう

生理痛《せいりつう》がつらい人はまず、運動量に見合ったエネルギーをしっかりとれているか見直してみましょう。

というのも、エネルギー摂取《せっしゅ》量が少ないと、生理に不調が出やすいからです。食事量を増《ふ》やしたら、生理のダルさや痛《いた》みが軽減《けいげん》したという女子選手も大勢《おおぜい》います。

また、食事にはさまざまな栄養素《えいようそ》が含《ふく》まれていますから、食事量が少ないと、生理痛《せいりつう》を軽くするのに役立つ栄養素《えいようそ》が不足してしまうこともあります。女性《じょせい》ホルモンの働きをサポートしてくれるビタミンB_6が多く含《ふく》まれるかつおやさば、赤血球をつくるのに役立つビタミンB_{12}が多く含《ふく》まれるさけなどを積極的にとりましょう。

カルシウムやマグネシウムには、生理中のイライラを軽減《けいげん》してくれる働きがあります。小魚や牛乳《ぎゅうにゅう》に多く含《ふく》まれているので、これらもたくさんとってみてください。

Q&A 10

Q 質問

便《べん》秘《ぴ》しやすいのを直したいです

A 回答

食事と水分をしっかりとりましょう

便は、食べたもののカスでつくられます。材料となる食事が少なければ便の量も少なくなり便秘《べんぴ》してしまいます。

もし、給食を残したり朝ごはんを抜《ぬ》いたりしているなら、3食しっかりと食べることから変えてみましょう。

便をつくるには、水分も必要です。1日1・5~2ℓの水を飲むのが理想。500㎖のペットボトル3~4本分の水を、1日かけて少しずつ飲むと、水分不足を予防《よぼう》できます。特に朝起きてすぐ水を飲むと、腸が動いて排《はい》便《べん》しやすくなるので、試《ため》してみてください。

便秘《べんぴ》を改善《かいぜん》するのによいといわれているのが、葉物野菜やきのこ類に多く含《ふく》まれる食物繊維《せんい》や、バナナに多く含《ふく》まれるオリゴ糖《とう》です。

また、ヨーグルトや漬《つ》け物《もの》などの発酵《はっこう》食品に含《ふく》まれる乳酸菌《にゅうさんきん》も、便秘解消《べんぴかいしょう》の強い味方。

こうした食べ物を積極的に食べるようにしましょう。

Q&A 11

Q 質問

ケガをしてしまいました！早く治す食べ物は？

A 回答

たんぱく質《しつ》とカルシウムをとりましょう

ケガの程度《ていど》や場所によりますが、ケガを治すにはある程度《ていど》の時間がかかります。残念ながら、「○○を食べれば、すぐに治る」という、魔法《まほう》のような食べ物はありません。医療《いりょう》機関を受診《じゅしん》して医師《いし》の指示《しじ》に従《したが》い、3食バランスよく食べるようにしましょう。

そのうえで、骨《ほね》や筋肉《きんにく》の材料になる栄養素《えいようそ》が不足すると、ケガの治りが悪くなる可能性《かのうせい》があります。筋肉《きんにく》や骨《ほね》、じん帯の材料となるたんぱく質《しつ》や、骨《ほね》をつくるもとになるカルシウムをしっかりとることは大事です。たんぱく質《しつ》は肉や魚、チーズ、納豆《なっとう》など、カルシウムは牛乳《ぎゅうにゅう》や小魚などに多く含《ふく》まれています。

たんぱく質《しつ》の吸収率《きゅうしゅうりつ》を高めるビタミンB_6や、カルシウムの吸収率《きゅうしゅうりつ》を上げるのに役立つビタミンCもぜひとりたい栄養素《えいようそ》。ビタミンB_6は、かつおやさばに、ビタミンCは、野菜やみかん、レモンなどの柑橘類《かんきつるい》に多く含《ふく》まれているので、積極的に食べましょう。

Q&A 12

Q 質問

夏バテしやすいです。食事で予防《よぼう》できますか？

A 回答

冷たいもののとりすぎに注意しましょう

夏は食欲《しょくよく》がわかず、冷たいジュースやアイスばかり食べてしまう、という人もいるかもしれません。ジュースやアイスには驚《おどろ》くほどの砂糖《さとう》が入っているため、体は「これでエネルギーは十分」と感じておなかがいっぱいになります。

でもアイスやジュースではたんぱく質《しつ》やビタミン、ミネラルがとれませんから、栄養不足になり、ますます夏バテしてしまうのです。

また、冷たい食べ物で胃腸を冷やすと、消化器官の働きが悪くなり、食欲《しょくよく》がわかなくなってしまいます。キンキンに冷えたものばかり、飲み食いするのは控《ひか》えましょう。

食欲《しょくよく》がないときは、薬味をたっぷり使うのもおすすめ。そうめんなら、ねぎやのり、ごま、梅干《うめぼ》しなど、薬味を使うのもいいですね。

「夏バテしている」と感じたら、ケガ予防《よぼう》のためにも無理はしないこと。しっかり休息して体の調子を整えましょう。

●監修
上木 明子（うえき あきこ）
管理栄養士、公認スポーツ栄養士。
総合病院にて栄養管理業務を経験したのち、企業での特定保健指導のプログラム開発や栄養サービス事業、運営を経て独立。
現在は順天堂大学医学部附属順天堂医院・浦安病院にて女性アスリート外来の専属栄養士をつとめる。

● 企画・編集・制作　スタジオパラム

● Director　清水信次
● Writer & Editor　及川愛子
小田慎一
島上絹子
● Illustration　高原めぐみ
● Comic　手塚由紀
● Design　スタジオパラム

● Special Thanks　佐藤郁子
順天堂大学医学部附属順天堂医院
順天堂大学医学部附属浦安病院
順天堂大学女性スポーツ研究センター

小・中学生のための
女子アスリートの「食事と栄養」
伸び盛りのジュニア期に知っておきたいカラダに大切なこと

2024年9月10日　第1版・第1刷発行
2025年7月 5 日　第1版・第3刷発行

監修者　上木　明子（うえき　あきこ）
発行者　株式会社メイツユニバーサルコンテンツ
代表者　大羽　孝志
〒102-0093 東京都千代田区平河町一丁目1-8
印　刷　シナノ印刷株式会社

ご意見・ご感想はホームページから承っております。
ウェブサイト　https://www.mates-publishing.co.jp/

企画担当：千代 寧